나는 스타트업 대신
회사를
선택했다

창업하지 않고 성공한 직장인 선배들의 이야기

나는 스타트업 대신
회사를
선택했다

이형근 지음

Pegasus
페가수스

"급여생활자에게 가장 비참한 상황은 '월급을 받기 위해' 회사에 다니는 것이다."

외국계 기업의 A 대표와 대화하던 중 무심코 나온 말이다. 그 말을 듣는 순간, 약간 놀라기도 했고 화도 났다. 회사에 다니는 이유가 꼭 월급 때문만은 아니겠지만, 대다수 직장인에게 급여는 대단히 중요한 의미가 있다. 결혼준비, 내 집 마련, 대출금 상환 그리고 무엇보다 생계를 유지하기 위해 월급은 매우 중요하다. A 대표가 '많은 것을 가진 사람의 관점에서 일반 직장인들의 상황을 무시하는 것 아닌가?' 하는 생각이 들었다. 하지만 이어지는 A 대표의 설명을 듣고, 조금 다른 생각을 하게 되었다. 그가 지금 자리에 있기까지 겪었던 일들, 급여생활자의 삶에 대한 관점을 바꾼 계기, 왜 직장인이 '급여'에 목숨을 걸면 안 되는지에 대해 이야기를 들으면서 뒤통수를 한 대 맞은 기분이 들었다.

대학을 졸업하고 대기업에 입사한 그는 다른 동기들처럼 주어진 일을 열심히 하면서 지냈다. 회사에 들어올 때부터 임원이 되고 싶다는 생각을 했고, 생각을 이루기 위해 업무에 집중하면서 성실히 일했다. 하지만 그렇게 몇 년이 흐르고 회사 생활에 적응해나가는 동안, 주말을 위해 일하는 자신을 발견했다고 한다. 함께 입사한 동기들이 하나둘 회사를 떠나는 동안, '새로운 일을 하기보다 아무 문제 없이 지내기 위해' 기존의 문화에 적응하는 자신을 보면서 정신을 차렸다. 그리고 왜 회사에 다녀야 하는지, 40세, 50세가 된 자신의 모습을 그려보며 새로운 자세로 직장생활에 임했다.

담당하던 업무에 익숙해진 A 대표는 새로운 부서로 옮겨 줄 것을 회사에 요청했다. 그것도 남들이 마다하는 영업직을 자청했다. 일한 만큼 보상받을 수 있고, 사회생활에 인맥이 중요하다는 판단 때문이었다.

A 대표는 "사람에 따라 영업이 맞는 사람도 있고 안 맞는 사람도 있습니다. 하지만 적성과 관계없이 자기 업무에서 더 배울 게 없다는 생각이 들면 과감히 다른 일을 선택해야 합니다. 새로운 환경에서 새로운 사람들과 관계를 만들며 경력을 쌓아야 합니다. 신입사원이 해도 금세 적응할 수 있는 일만 하는 건 아닌지, 업무와 관련해 문제가 생겼을 때 도움을 요청할 만한 인간관계를 형성해두었는지도 생각해봐야 합니다. 스스로 긍정적인 답을 내릴 수 없다면, 직장인으로서 자신의 위치에 대해 깊이 고민할 필요가 있습니다."라고 말했다.

영업직으로 자리를 옮긴 A 대표는 능력을 인정받아 부장으로 승진했고, 이후 외국계 기업으로 몇 차례 이직한 후 대표직을 맡았다. A 대표가 처음 입사한 대기업을 그만둔 이유는 자신의 능력만으로 성장하기 어렵다는 판단 때문이었다. A 대표는 "대기업에서 임원이 되기 위해서는 업무

실적 이외에도 출신, 학벌, 사내정치가 중요하게 작용했습니다. 저도 임원이 되려면 그렇게 해야 했지요. 그런 부분이 저에게는 맞지 않았습니다. 그래서 능력으로 인정받을 수 있는 외국계 기업으로 옮겼습니다. 외국계기업도 위로 갈수록 그런 측면이 나타나긴 했지만, 국내 기업에 비하면 감당할 수 있는 수준이었습니다."라고 말했다.

"과중한 업무 때문에 진로에 대해 생각할 여유조차 없다는 사람들이 많습니다. 결혼하고 아이가 태어나면 직장생활과 가정생활을 병행하는 것도 벅차지요. 하지만 그럴수록 자신을 돌아보는 시간을 갖고, 몇 년 후 자신의 모습을 상상해봐야 합니다. 남는 시간에 TV 드라마를 보고, 의미 없는 모임에 참석하면서 흘려보내면 안 됩니다. 그보다는 온전히 자신이 쉴수 있는 시간과 공간을 만들어야 합니다. 가족과 시간을 보내거나, 책을 읽거나, 자신의 진로를 위해 투자하는 일이 중요합니다."라고 말했다.

A 대표의 이야기를 듣고 내가 하는 일과 미래에 대해 좀 더 객관적인 시각으로 바라보고 진지하게 고민해야겠다는 생각이 들었고, 한편으로 A 대표처럼 평범한 직장인으로 사회생활을 시작해 성공한 사람들의 이야기를 모아봐야겠다는 생각도 들었다. 그들 역시 취업을 준비하는 사람들이나 사회초년생들에게 하고 싶은 이야기가 있을 것으로 생각했다. 다행히 많은 분이 시간을 내주셨고, 그분들의 소중한 이야기를 모아 이렇게 책으

로 엮었다. 서로 다른 이력을 가진 분들이지만 중요하게 생각하는 몇 가지 공통적인 주제가 있었는데, 다음과 같다.

첫째 '열정'이다. 그들은 자신의 열정을 끌어올릴 수 있는 일에 집중했다. 업무시간이 많고 조건이 안 좋더라도 자신의 능력을 끌어올릴 수 있는 일을 찾아 장기적인 관점에서 접근했다.

둘째 '평판'이다. 무조건 실적만 올리는 데 신경 쓰기보다 자기 일에서만큼은 누구보다 뛰어나다는 사실을 동료와 주위로부터 인정받아야 한다고 생각했다. 그 평판이 세상에 자신의 가치를 대변해준다고 생각하기 때문이다.

셋째 '인간관계'다. 그들은 일하면서 알게 된 다양한 분야의 사람들을 친구로 만들었다. 그런 다음 일에서뿐만 아니라 그 이상의 개인적인 친분을 쌓았다. 좋은 직장상사를 만나 멘토로 삼았고, 후배들을 키워 직장의 인간관계 이상을 만들었다. 업무 때문에 어쩔 수 없이 많은 사람과 만나야 하는 직장인의 위치를 장점으로 활용했다. 그들은 인간관계에서 '받고 주기'보다 '먼저 주고, 받는 것은 나중'을 선택했다. 순서만 다를 뿐이지만 차이는 크다. 주는 것이 꼭 물질적일 필요는 없다. 직장인으로서 할 수 있는 '사소한 배려'나 '업무지원'도 여기에 포함된다.

이들 모두는 직장인들이 큰 변화를 맞게 될 것이며, 미리 준비한 사람과 그렇지 않은 사람 사이에 많은 차이가 생길 것이라고 얘기했다.

　우선 앞으로 인력시장은 더 다양하게 변화할 것이다. 기업들은 코로나 19 이후 불확실한 경제 상황에 대응하기 위해 성과와 능력 중심으로 유연하게 인력을 관리할 것이다. 구인·구직 전문업체들의 프리랜서 플랫폼을 활용해 정규직 중심에서 프로젝트 중심으로 인력을 운용할 것이다. 일용직 등 단순 업무에 국한되었던 계약직도 장기적으로 기획과 인사, 운영 등 핵심 업무까지 확장될 것이다. 기업은 비용 부담이 높은 정규직을 채용하기보다 신규 인력을 필요할 때만 쓰는 방식으로 바꾸고 있다. 계약직 직원을 채용한 다음, 검증 및 평가, 비용 지불 등 복잡한 과정은 디지털 플랫폼이 맡게 된다.

　'배달의 민족' '쿠팡이츠' 등 배달서비스 플랫폼에서 소비자가 음식점의 서비스를 평가하는 것처럼, 기업 역시 직장인의 업무 능력에 점수를 매기게 될 수도 있다. 그러면 그동안 어떤 회사에서 어떤 일을 몇 년이나 했는지, 능력은 어느 정도인지 금세 알 수 있을 것이다. 앞으로는 이력서에 '금융업계 기획능력 543위' '자동차업계 디자인 부문 3등급' '교육업계 영업부문 실적 1위' '평판지수 3등급' 이런 식으로 업무 능력과 관련한 자세한 정보가 표시될 날이 올지 모른다. 링크드인(linkedin.com) 등 이직

전문 서비스가 활발해짐에 따라 이직률도 계속 높아질 수밖에 없다. 이전 세대가 평균 1~2회 이직을 했다면, 이제 두 자릿수 이직이 특이한 경력에 포함되지 않을 날도 머지않았다.

평균수명이 증가하면서 이후의 삶도 준비해야 한다. 2020년 대한민국 국민의 기대수명이 83세를 넘었고, 100세 이상 사는 사람도 갈수록 증가하고 있다. 정년은 줄어들고 평균수명이 늘어나는 만큼, 고령에 접어들어서도 무언가를 할 수 있는 경쟁력을 갖춰야 한다.

자신이 처한 상황에 따라 한 직장에 오래 몸담을지, 적극적으로 이직하며 경쟁력을 갖출 것인지 다를 수 있다. 어떤 선택을 하느냐는 온전히 본인의 선택이다. 그 선택이 무엇이든 충분히 생각할 시간을 갖고, 자신의 처지와 상황에 맞게 미래에 대비해야 한다.

바쁜 중에도 책이 나오기 위해 도와주신 이경하 님, 류기욱 님, 박경희 님, 홍지은 님, 그리고 언제나 응원해주는 가족, 선후배에게 감사드린다. 더 나은 미래를 위해 오늘도 생업전선에서 열심히 뛰고 있는 직장인 모두에게 응원을 보낸다.

이형근

차례

머리말

프롤로그 대한민국에서 직장인으로 사는 법

프롤로그

|

대한민국에서 직장인으로 사는 법

초등학교에 입학한 뒤 대학을 졸업하기까지 짧게는 14년, 길게는 17년 동안 에스컬레이터처럼 만들어진 교육과정을 마치고 나면, 사회라는 무대로 나오게 된다. 10년이 넘는 시간 동안 학교에서 정해준 방향대로 달리면 되었던 것과 달리, 사회에서는 아무도 방향을 제시해주지 않는다. 회사에 들어갈 수도, 회사를 만들 수도, 여행을 떠날 수도 있다. 그러나 특수한 상황이 아니라면 생계를 위해 일을 해야 하고, 회사를 만들기보다는 만들어진 회사에 들어가 일하게 된다. 그렇게 인생의 중요한 변곡점인 회사 생활을 큰 고민 없이 시작하고, 회사에 입사한 이후에는 밀려오는 업무에 갇혀 세월을 보낸다.

평범하고도 어려운 직업 '회사원'

한국경영자총협회가 발표한 '승진, 승급 관리 실태조사'에 따르면 신입사원으로 입사해서 기업의 임원이 되기까지 평균 22.1년이 소요된다. 물론 이 기간을 다 채운다고 해서 누구나 임원이 될 수 있는 건 아니다. 확률로 따지면 신입사원 1,000명 중 7명, 약 0.74% 정도다. 같은 임원이라도 회사마다 대우나 지위의 차이가 크며, 막상 임원이 된 이후에도 이전보다 근무 기간이 점점 짧아지는 상황이다.

학교를 마치고 어렵게 기업에 입사한 이후에도 고민은 끝나지 않는다. 입사했다는 즐거움도 잠시, 업무에 적응하지 못하고 1~3년 만에 다른 회사로 옮기거나 유학 등 다른 길을 찾는 사람들도 늘고 있다.

온라인 취업사이트 '잡코리아'의 조사에 따르면 정규직 사원으로 채용된 사람 중 29%가 취업 1년 이내에 회사를 떠난다. 기업별로는 중소기업 퇴사율이 32%, 외국계 기업 21%, 대기업 16%, 공기업 5%로 조사되었고, 가장 큰 퇴사 사유는 '업무가 적성에 맞지 않는다.'였다.

이전과 달리 한 직장에 입사해서 정년까지 마치는 비중도 많이 줄어들었다. 국내 대기업 평균 정년은 57세로 OECD 평균 정년인 65세에 비해 8년이나 짧다. 임원으로 승진할 경우 60세 이상으로 연장될 수 있지만, 이는 극히 일부에 해당하는 이야기다. 노조에 가입할 수도 없어서 오히려 언제 회사를 떠나야 할지 모르는 위기감을 안아야 한다.

실질적인 정년은 더 낮다. 장기간 근속한 일자리를 그만두는 평균연령은 남자 51.4세, 여자 47.6세로 평균 49.4세다(통계청 2019년). 50세면 다른 일자리를 찾아야 한다. 공무원이나 군인, 교사 등 자체 연금제도가 있는 직종, 의사와 변호사처럼 정년에 대한 부담이 적은 전문직을 제외하면 퇴직 이후 연금이나 사회적 안전장치가 충분하지 않기 때문에 정년을 무사히 마친다고 해도 경제적인 문제가 있을 수밖에 없다. 평균수명이 갈수록 증가하는 상황을 고려하면 이런 문제는 더 심각하다. 직장생활에서 충분한 노후자금을 확보하지 못한 이들은 퇴직 후 20여 년간 자영업 또는 제2의 직업을 찾아야 한다.

우리보다 먼저 비슷한 상황을 겪은 일본의 경우를 보자. 일본은 65세 이상 고령 인구가 28.4%(3,588만 명, 2019년 기준)다. 다양한 사회보장제도를 제공하지만, 퇴직 후 경제적 어려움이 심각한 사회문제가 되고 있다. 생활비와 의료비를 감당하지 못해 '노후파산'이라는 신조어까지 생길 정도다.

노년층에 대한 부담을 젊은 세대가 짊어지게 되면서 국가가 지원하는 연금제도에 대한 대대적인 변화도 예상된다. 그렇다 보니 직장생활을 오래 한 사람뿐 아니라 사회초년생들도 본인의 앞날에 대해 막연함을 느낄 수밖에 없다. 정부에서 문제를 해결하기 위해 중소기업 지원, 창업장려 정책 등을 펼치고 있지만, 차별화된 경쟁력을 확보한 몇몇 기업을 제외하면 대부분 녹록지 않은 상황이다. 기업의 생존이 위태로워짐에 따라 직장인의 생존은 더더욱 어려워졌다. 일부 대기업이나 공기업을 제외하고는 업무량이 증가하는 반면 임금이나 복지 수준은 낮아지는 악순환이 벌어지고 있다. 이전에도 이런 문제가 없었던 것은 아니지만, 양극화의 속도에 가속이 붙는 상황이다.

그나마 직장을 떠나는 사람들에게 다행스러운 점은 이직 환경이 유연해지고 있다는 점이다. IMF, 금융위기를 거치며 평생직장 개념이 사라지면서 이직에 대한 거부감도 크게 줄었다.

복잡하고 관리하기 어려워진 경력

한국노동연구원이 발간한 '고령화 보고서'에 따르면, 직장인의 은퇴 희망 시기와 실제 은퇴 시기는 연령대에 따라 큰 차이를 보였다. 55~64세 미만은 63~64세에 은퇴하기를 희망했고, 65세 이상은 72세에 은퇴하기를 원하는 것으로 조사됐다. 그러나 평균적으로 직장을 그만두는 시기는

57.1세로, 은퇴 희망연령과 차이가 컸다. 이 때문에 현재를 위해서 뿐만 아니라 은퇴 후 생업을 위해서도 자신의 경력을 신중히 관리할 필요가 있다. 평생직장이 아닌 평생직종으로 바뀌고 있는 분위기를 고려할 때, 은퇴 이후에도 경력을 유지하거나 새로운 일을 찾을 방법을 미리 계획해야 한다. 은퇴 이후 경제활동이 필수적인 만큼 평생직종에 대한 신중한 판단이 필요하다.

직장인의 경력은 본인의 의지보다 고용주나 조직의 요구에 의해 결정되는 경우가 많다. 대다수 직장인은 처음 회사에 입사하고 나서 할 일에 대한 정보를 거의 얻지 못한 채 일을 시작한다. 중국어나 스페인어 등 특정 외국어 전공자 선발 부문에 합격하고 나서 외국어 활용과 전혀 상관없는 업무를 맡기도 하며, 입사하고 나서 회사의 필요에 따라 업무가 정해지는 경우도 많다.

자신의 경험이나 능력과 상관없이 조직의 필요에 따라 업무를 배정받고 나면 업무를 바꾸고 싶어도 바꾸기가 쉽지 않고, 과중한 업무에 치여 원하는 분야의 재교육을 받기도 쉽지 않다. 이런 이유 때문에라도 회사 업무를 하면서 전문성과 인맥을 확보하고 성장할 환경을 만드는 일이 중요하다. 업무를 통한 인적 네트워크는 근무연수가 늘어날수록 중요하게 작용한다. 이전에는 영업부문 정도만 인맥이 중요하다는 인식이 있었지만, 인터넷 구인서비스나 SNS가 대중화되면서, 업무와 업종을 가리지 않고 인적 네트워크가 중요해졌다.

사회초년생의 경우, 일반적인 업무 과정은 빠르게 배워 선배들을 쫓아갈 수 있지만, 인맥만큼은 시간과 반복이라는 함수가 작용하기 때문에 시작단계부터 꾸준히 관리하는 것이 좋다. 더 나은 업무와 보상을 위해 경력관리를 해야 한다는 인식이 직장인 사이에서 공감대를 이루고 있다. 하지만 어떻게 하는 것이 경력관리를 잘하는 것인지는 견해차가 크다. 특히 자기 일에 전문성을 확보하는 것이 먼저인지, 다양한 분야에 걸쳐 넓은 시야를 키우는 일이 우선인지를 업종과 개인적 취향 등 여러 요소를 유기적으로 결합해 판단하기가 어렵다.

이 책에 등장하는 인물들은 모두 직장 내 경력 못지않게 자기 인생의 경력을 중요하게 생각해야 한다고 한목소리로 얘기했다. 현재 업무뿐 아니라 퇴직 이후까지 자기 인생의 밑바탕이 될 수 있는 경력을 생각해 둬야 한다는 의미다.

더랩에이치의 김호 대표는 "평균수명이 길어지면서 직장인 누구나 인생의 후반전을 준비해야 하는 때가 왔다."라며 "바쁜 직장생활 속에서도 자신을 돌아보고 미래를 생각하는 시간이 꼭 필요하다."고 말했다.

　평균수명이 길어지고 있는 만큼, 직장인들 누구나 인생 후반전을 준비할 필요가 있다. 나이가 들어도 할 수 있는 일, 자신이 좋아하는 일, 앞으로 인력 수요가 많은 일이 무엇인지 생각하고 준비해야 한다. 운이 좋아서 회사에서 정년을 보장받았다 해도, 그 뒤의 삶을 준비한 사람과 그렇지 않은 사람의 차이는 크다. 나이가 들어 제2의 도전이 절실할 때는 이전과 달리 젊음의 장점이 사라진 뒤다. 체력의 한계 때문에 할 수 있는 일이 극히 제한된다.

눈 녹듯 사라지는 평생직장 개념

　직장인 평균 이직 횟수에 대한 정확한 통계는 없지만, 이직이 증가하고 있고 앞으로도 계속 증가할 것으로 보인다. '취업포털 사람인(www.saramin.co.kr)'이 직장인 2,057명을 대상으로 조사한 자료에서는 평균 이직 횟수가 2.3회로 나타났다.

　□국내 매출액 상위 100대 기업 중 금융감독원에 사업보고서를 제출한 80개 기업을 대상으로 확인한 결과에서는 평균 근속연수 12년으로 업

종과 성별에 따라 큰 차이를 보이는 것으로 조사되었다. 평균 근속연수가 10년 이상인 기업 비율은 전체 80개 중 56개로 70%였다. 근속 기간이 가장 긴 업종은 조선과 중공업(약 16~17년), 자동차(18년)로 장치 집약적이고 비교적 고용이 안정적인 업종이었다. 반면 증권 분야는 평균 근속 기간 6~7년으로 비교적 짧았다.

평균 근속연수는 성별에 따라서도 큰 차이를 보였다. 성별에 따라 평균 근속연수를 명시한 49개 기업의 근속연수를 비교한 결과, 남성(14.1년)이 여성(9.3년)보다 5년가량 더 길었다. 남성의 근속연수가 10년 이상인 기업은 81.6%(40개사), 여성의 근속연수가 10년 이상인 기업은 36.7%(18개사)로 여성이 한 직장을 오래 다니는 비중이 남성보다 낮았다.

하지만, 이 결과는 국내 기업 중에도 가장 안정적인 구조를 가진 업체를 대상으로 진행한 것으로 여타 기업의 평균 근속연수는 이보다 짧다. 앞으로 빅데이터와 인공지능을 기반으로 한 업무 환경이 확대될 경우, 기업은 업무효율을 위해 인력을 지속해서 감축할 것으로 전망되는데, 이런 변화는 일자리와 근속연수 감소를 가속화 할 것이다. 직장인들은 이 같은 변화에 맞추어 경력 쌓기와 이직으로 대응하고 있다. 회사가 보장해주지 않는 미래를 대비해 적극적으로 자신의 미래를 찾는 것이다.

첫 직장 선택만큼 중요해진 이직

이직은 첫 직장을 선택하는 일 못지않게 중요하다. 기업에 입사해 평생 최선을 다해 일하겠다고 마음먹는 사람들이 많지만, 아쉽게도 그런 기회는 갈수록 줄어들 것 같다. 이직이 유연하다는 건 선택의 기회가 많다는 뜻이지만, 반대로 회사 역시 교체 인력을 충분히 확보할 수 있다는 뜻이기도 하다.

이직은 직종이나 업무에 따라 유연성의 정도가 조금씩 다른데, 자신의 직종이 어느 정도 이직에 유연한지는 주위의 이직한 사람들을 살펴보면 쉽게 파악할 수 있다. 해당 직종에 급격한 변화가 오거나 동종업체들이 늘어나면 이례적으로 이직 비중이 높은 경우가 많은데, 대부분은 일정 수준에서 적은 오차 범위 안으로 움직인다.

그렇다면 헤드헌터나 인사담당자들은 어떤 부분을 가장 중요하게 생각할까? 이직자들은 대부분 업무 능력을 이직의 중요 요소로 꼽았지만, 인사담당자들은 업무 능력보다 조직에 잘 융화할 수 있을지, 이직 후 얼마나 오래 근무할 수 있을지에 관심이 있었다. 특히 눈여겨보는 부분은 이직자 주변의 평판이었다. 추천서를 활용하는 미국 등과 달리 당사자가 제시하는 이력서만으로 입사 여부를 판단해야 하는 경우가 많은 만큼, 이전 회사에서 함께 근무한 사람들의 업무 평가나 평판이 입사 여부를 가르는 결정적인 부분이 될 수 있다.

평판은 단기간에 바꿀 수 없는 부분이기 때문에, 인사담당자는 당사자 평가를 주위에 문의하는 것만으로도 그 사람의 많은 부분을 쉽게 알 수 있다. 이직 시 '업무 능력'은 해당 직무를 수행하는 데 큰 결함이 있지 않은 이상 상대적으로 덜 중요하게 여겨졌다. 기업에서 해당 업무를 진행해 온 사람이라면 업무 능력에 큰 차이가 없는 경우가 많고, 그보다는 업무에 임하는 자세, 발전성과 적응성, 무엇보다 신뢰성이 크게 작용한다고 보았다. 이 책에 등장하는 분들도 직원을 선발할 때 가장 중요하게 보는 요소로 신뢰성과 태도를 꼽았다. 업무 능력을 갖추었더라도 조직에 융화되지 못하거나 태도가 바르지 않다면 문제를 일으킬 확률이 높다고 생각했다.

평판은 구글 등 검색엔진이나 트위터, 링크드인, 페이스북 등 소셜네트워크를 활용해 확인할 수 있다는 점도 주목해야 한다. 주변 사람뿐만 아니라 온라인에 노출된 모든 부분이 평판에 반영될 가능성이 커졌다.

직장인들이 이직을 결심하는 데 가장 큰 영향을 끼치는 부분은 연봉이었다. 취업사이트 조사결과, 연봉 때문에 이직을 결심했다는 응답이

40~50% 이상을 차지했다. 비전이 없거나 도전의식을 불러일으키지 못한다는 이유로 이직을 결심하는 사람도 많았다. 지금 당장보다 미래를 중요하게 여기고 있음을 알 수 있는 대목이다.

현재 직장에 만족하고 있음에도 불구하고 헤드헌터와 구직사이트를 활용해 몸값을 높이는 사람도 찾을 수 있었다. 지금 당장 이직할 생각은 없지만, 현재 자신이 어느 정도 위치에 있는지, 업계가 어떻게 바뀌고 있는지 귀를 기울이는 모습이었다.

이야기하기 꺼리지만 궁금해하는 연봉

우리나라 매출액 상위 84개사 직장인의 평균연봉은 약 8,358만 원으로 나타났다. (2020년 '사람인' 조사결과) 대상이 주로 대기업이고 임원까지 포함한 결과이기 때문에 실제 직장인이 느끼는 연봉과는 괴리가 크다.

졸업 후 대기업에 입사하는지, 중소기업에 입사하는지에 따라 연봉의 격차가 발생한다. 2020년 인크루트에서 조사한 자료에 따르면 대기업 신입사원 평균연봉은 3,958만 원이었고, 중견기업 신입사원은 3,382만 원, 중소기업은 2,834만 원으로 큰 차이를 보였다. 하지만 이는 그야말로 평균적인 수준을 뜻하며, 산업이나 기업마다 연봉은 천차만별이다.

취업을 준비하는 학생들의 기대 연봉은 기업들이 제시하는 임금과 큰 차이를 보였다. 대한상공회의소가 전국 대학생과 중소기업을 대상으로 조사한 희망 임금 수준에 따르면, 취업 준비생들은 3,500만 원 전후의 연봉을 기대하는 반면, 중소기업에서는 2,000~2,500만 원 수준이라고 응답했다.

직장인에게 연봉은 매우 중요하고 민감한 부분이다. 그러나 자신이 몸담고 있는 동종업계를 제외하면 임금 수준이 어느 정도인지 모르는 경우가 많다. 최근 들어 연봉 정보를 공개하는 서비스 업체들도 있지만, 연봉 외 수당이나 근무환경 등에 대한 부분은 실제 근무하는 사람이 아니면 확인하기 어려운 경우가 많다. 대다수 기업이 호봉제에서 연봉제로 전환하고 실적에 따라 연말 상여금을 지급하는 구조로 바뀌면서 연봉에 대한 '감' 자체를 확보하기가 쉽지 않다. 심지어 바로 옆자리에 근무하는 입사 동기의 연봉도 모르는 경우가 많고, 직급과 상관없이 상사보다 높은 연봉을 받는 사례도 있다.

재미있는 점은 평균 이상의 연봉을 받는 사람들일수록 연봉과 복지 수준에 관심이 많고 적극적인 모습을 보이지만, 평균 또는 평균 이하 연봉을 받는 직장인들은 연봉을 민감하게 생각하지 않거나 극단적으로 외면하려는 모습도 보였다.

　평균수명이 길어진 반면 퇴직은 빨라지고 있는 만큼, 한정된 기간 안에 생계를 위한 비용을 확보하기 위해서는 연봉이 중요할 수밖에 없다. 따라서 자신이 직장에 근무하는 동안 얼마나 급여를 받을 수 있는지 잘 따져 봐야 한다. 저녁에 맥주 한잔 마실 시간만 줄여도 충분히 생각할 수 있다.

　전 소니코리아 대표 윤여을 대표는 "직장인으로서 연봉은 적성과 주위의 인정 못지않게 중요한 부분"이라며 "일의 즐거움과 함께 생계를 충분히 이끌 수준이 되어야 하며, 향후 발전 가능성도 고려되어야 한다."고 말했다. 연봉이 전부는 아니겠지만, 직장인에게 절대적인 중요성을 가지고 있으며, 현재 연봉보다 향후 연봉 곡선이 어떻게 될 것인지, 노력 여하에 따라 제대로 된 보상이 이루어지는지도 깊이 생각해야 한다.

시도하지 않으면 변화는 없다

·

전명헌

Interview

전명헌 전 현대종합상사 대표

    현대자동차의 미국 시장 성공은 1998년에 실시한 '10년 10만 마일 보증 프로그램'으로부터 시작됐다고 해도 과언이 아니다. 당시 현대자동차는 품질에 의구심을 가진 미국 소비자들을 안심시키기 위해 10년 10만 마일 보증이라는 파격적인 프로그램을 도입한다. 이 전략을 만들어낸 주인공이 당시 현대자동차 이사 겸 미주 현지법인 수석 부사장이던 전명헌 전 대표다. 그는 한양대학교 산업공학과를 졸업하고 신진자동차에 입사한 뒤, 2003년까지 GM코리아, 현대자동차, 기아자동차 등 자동차업계를 지켜왔다. 이후에는 글로벌 홍보 전문기업 에델만코리아, 현대종합상사 대표를 거쳤다.

    현대종합상사는 1976년 현대그룹 수출창구로 설립되었으며, 전 세계 네트워크를 바탕으로 현대그룹과 우리나라 수출 신장을 주도해오고 있는 종합무역상사다. 국제무역에서 출발하여 자원개발, 해외투자, 브랜드 비즈니스 등으로 사업 영역을 확장하면서 세계시장을 무대로 빠르게 성장해 왔다.

    전명헌 대표는 자신을 행복한 직장인으로 평가한다. 그는 자신이 직장

인들의 꿈인 전문경영인까지 오를 수 있었던 비결로 불합리한 회사구조를 바꾸기 위해 끊임없이 개선을 요구한 일을 꼽는다. 조직의 관행을 따르지 않고, 자신이 옳다고 생각하는 일에 목소리를 내면서 변화를 끌어낸 것이 성공의 원동력이라고 말한다.

1977년 현대자동차 해외사업부 과장으로 합류한 이후, 자동차 수출 전문가로 본격적인 경력을 쌓았고, 1989년 현대자동차 이사 겸 미주 현지법인 수석 부사장, 1992년 해외사업부 상무이사, 1997년 현대자동차 미국법인, 캐나다법인, 미국금융회사 등 3개 사 총괄 사장, 1999년 해외 영업본부 수출지원 사업부 담당 전무이사 등 핵심 요직을 두루 거치면서 현대자동차의 해외시장 개척, 특히 미주시장 수출길을 개척하는 활약을 한다. 이후 2000년 11월부터 기아자동차로 자리를 옮겨 해외 영업본부장 등을 역임하며 유럽 주요 국가의 독립대리점 권한을 인수하여 판매 마케팅을 직영함으로써 판매력을 획기적으로 강화했고, 호주 오픈 테니스의 메인스폰서가 되어 기아자동차의 해외시장 인지도를 올려놓았다.

Q 간단한 약력을 말씀해 주십시오.

A 대학을 졸업하고 1969년에 신진자동차에서 부품구매 담당으로 사회생활을 시작했습니다. 1972년에 GM코리아로 옮겨서 해외 구매 담당을 맡았고, 1977년에 경력사원으로 현대자동차에 입사했습니다. 현대자동차에서 해외사업부 과장으로 시작해서 1992년에 상무이사가 됐고, 미국법인, 캐나다법인, 미국금융회사 3곳의 총괄 사장을 거쳐 기아자동차 해외 영업본부장을 맡았습니다. 2003년부터는 에델만코리아 회장, 현대종합상사 대표직을 수행했습니다.

Q 사회초년생 때 이야기를 듣고 싶습니다.

A 사회생활을 처음 시작한 건 1969년입니다. 당시 신진자동차에서 도요타의 코롤라를 국내에 수입하고 있었는데, 무작정 자동차가 좋아서 입사를 결정했습니다. 1972년에 회사가 GM과 합작하면서 GM코리아로 자연스레 자리를 옮겼고, 그곳에서 해외부품을 담당했습니다. 자동차회사였지만 직원 대부분이 자동차에 대해 잘 몰랐습니다. 연간 자동차 판매량이 5,000대 정도에 불과했으니 자동차에 대해 잘 아는 사람이 있는 게 오히려 이상할 정도였지요. 국민소득이 100달러 정도였으니까요.

Q 막 시작하는 회사였던 셈인데, 분위기는 어땠습니까?

A 한마디로 오합지졸이었습니다. 지금과는 비교할 수 없을 정도로 회사 내에 체계가 없었습니다. 그때 저는 영어를 잘한다는 이유로 외자부에 배치됐었는데, 컴퓨터도 없고 전산처리가 안 되던 시절이었기 때문에 주

문서류가 엉망이었습니다. 주문마다 파일을 일목요연하게 처리해야 하는데, 체계가 없으니 찾기도 어렵고 관리도 쉽지 않았습니다. 당시만 해도 수입제한 품목이 많았던 때라서 상공부(현 산업통상자원부)에서 수입인증, 수입추천서를 받아야 했는데, 절차를 마쳐도 요청한 부품이 한꺼번에 들어오는 게 아니라 따로따로 분할 선적되었기 때문에 무척 복잡했습니다.

Q 얼마 지나지 않아 GM코리아로 옮기셨다고 알고 있습니다.

A 1972년에 회사가 GM코리아로 흡수되면서 전보 발령을 받았습니다. 그런데 막상 회사에 들어가 보니 동기부여가 되질 않았습니다. 비전도 없었고요. 간부급 직원들이 관행처럼 비리를 저지르는 모습을 보면서 '내 미래를 여기에 바쳐서는 안 되겠다.'는 생각을 했습니다. 그러던 어느 날, 회식 자리에서 회사를 그만두겠다고 공표해버렸습니다. 대리급 직원이 그런 얘기를 했으니 회사가 발칵 뒤집혔지요. 하지만 저로서는 비전을 찾을 수 없는 곳에 머물 수가 없었습니다. 제가 회사를 그만두겠다고 한 이후, 저를 눈여겨보던 다른 업체에서 같이 일하자고 제의를 하더군요. 방위산업체, 부품 수입업체 같은 회사들이었습니다. 어떻게 해야 하나 고민하던 차에 현대자동차에서 경력사원을 뽑는다는 소식을 듣고 지원을 했습니다. 그때가 1977년입니다.

Q 현대자동차로 옮겼을 때는 어떤 느낌이 들었습니까?

A GM코리아에서 반 조립제품을 수입하는 업무를 담당했기 때문에, 현대자동차에서도 해외 영업본부로 발령을 받았습니다. 지금이야 현대자

동차가 글로벌 자동차 업체로 성장했지만, 당시만 해도 여러모로 부족했습니다. 일단 자동차회사에 근무하는 사람들이 자동차와 자동차산업에 대해 잘 알지 못했습니다. 중요한 부품이 뭔지, 자동차 판매에서 중요한 요소가 뭔지 제대로 아는 사람들이 많지 않았습니다. 저는 이미 자동차회사 경험이 있었기 때문에 업계 돌아가는 사정을 어느 정도 알고 있었습니다. 그래서 제가 아는 부분을 회사에 많이 건의했습니다.

Q 자주 건의하는 모습을 곱지 않게 보는 시선도 있었을 것 같은데요.

A 그렇습니다. 하지만 제 성격이 원래 옳다고 생각하는 건 그대로 해야 직성이 풀리는 스타일이기 때문에 크게 개의치 않았습니다. 회사에 들어와서 느낀 가장 큰 문제는 부품창고가 없다는 점이었습니다. 당시 현대자동차는 해외사업이 잘 되어서 성장하던 시점이었는데, 부품창고가 없으니 공급에 많은 시간이 소모됐습니다. 그래서 부품저장, 관리, 재고수입, 공급 등의 기능을 갖춘 창고를 만들어야 한다고 건의했습니다.

Q 건의사항은 잘 받아들여졌습니까?

A 그런 건의는 대부분 받아들여지지 않습니다. 그건 어떤 회사라도 마찬가지일 겁니다. 회사가 작건 크건 새로운 것을 거부하는 요소들이 있기 때문에 쉽게 받아들여지지 않습니다. 부품창고도 마찬가지였습니다. 당시 간부들은 부품공급 요청이 오면 하청업체로부터 주문해서 받아쓰면 되기 때문에 창고가 필요하지 않다고 생각했습니다.

그래서 의사결정권자에게 직접 건의해야겠다고 마음을 먹었습니다. 결

나는 스타트업 대신 회사를 선택했다

정하기 어려운 일일수록 낮은 직급의 직원이 건의했을 때 좋은 결과를 얻는 경우가 많습니다. 중역보다는 부장이, 부장보다는 과장이, 과장보다는 신입사원이 회사를 더 제대로 보고, 날카롭게 건의할 수 있습니다. 직급이 높을수록 동료 간 이해관계가 복잡해지고, 새로운 것에 대한 거부감이 크기 때문입니다. 낮은 직급일수록 이해관계나 거부감 없이 자기 생각을 그대로 말할 수 있다고 생각합니다.

Q 상사와의 관계를 생각해서 건의하지 않고 참을 수도 있었을 텐데요.

A 회사에서 어느 정도 업무를 파악하고 나면 관성에 따라 그대로 일을 하는 경우가 많습니다. 그냥 업무를 유지하는 것이지요. 학생으로 따지면 낙제만 면하는 수준입니다. 그런 상태가 계속되면 회사 전체의 경쟁력이 떨어집니다. 많은 회사에서 그런 상사들이 자리를 차지하고 있습니다. 그런데 저는 그런 상사를 가장 경멸했습니다. 실패가 두렵다는 이유로 새로운 일을 시도조차 하지 않는 상사 말입니다. 시도하지 않으면 변화는 없습니다. 아무것도 하지 않는 건 실패보다 더 나쁜 일입니다.

요즘 신입사원들은 이전 세대와 달리 개성이 강하다는 얘기들을 합니다. 하지만 일터에서 그들을 만나보면 오히려 이전보다 더 회사에 순응하려는 것 같다는 느낌을 받곤 합니다. 신입사원에게는 정체된 조직의 문제를 가장 객관적으로 바라볼 수 있는 눈이 있습니다. 하지만 회사에 적응해야 한다는 생각 때문에 기존 선임들이 해왔던 그대로 일을 배우려는 것 같아서 안타깝습니다. 그건 일을 배우는 게 아니라, 따라 하는 것일 뿐입니다. 직급은 회사에서 가장 낮지만, 회사 전체를 볼 수 있는 위치에 있다는 점을 가슴에 새겨야 합니다.

Q 이직에 대해 어떻게 생각하십니까?

A 저는 이직에 대해 보수적인 편입니다. 하지만 앞으로 어떤 직종이든 이직을 피할 수는 없다고 생각합니다. 지금보다 훨씬 더 많아지겠죠. 이직에 대한 생각과 이를 바라보는 시선이 변하는 추세이기 때문에 어쩔수 없습니다. 개인의 신념이나 의지보다 주변 환경이 그렇게 변하고 있으니까요. 앞으로 점점 더 이직이 많아질 것으로 보입니다. 직장인이 몸값을 올릴 수 있는 가장 좋은 수단이기 때문입니다.

Q 창업을 생각한 적은 없었습니까?

A 없었습니다. 저는 새로 무언가를 만드는 일보다 조직에서 일하는걸 훨씬 잘하는 타입입니다.

Q 직장인들이 회사생활에서 중요하게 생각했으면 하는 부분은 무엇입니까?

A 많이 경험하고, 사람을 얻고, 성취감을 느껴야 합니다. 말은 쉽지만, 직장인들 중에 그렇게 열심히 하는 사람은 많지 않습니다.

Q 직장생활에서 후회되는 점은 없었습니까?

A 제가 큰 아량이 있는 사람은 아니었다는 생각을 합니다. 무슨 일을추진하려고 할 때 그 일에 반대하는 사람들이 종종 있었습니다. 그런 의견에도 당연히 나름의 논리가 있었지만, 제 생각이 무조건 옳다고 생각했

나는 스타트업 대신 회사를 선택했다

기 때문에 대부분 무시했던 것 같습니다. 돌이켜보면 그런 의견들도 좀 더 존중했어야 했다는 생각이 듭니다. 상대방을 존중하면서 제 생각을 충분히 전달해야 하지 않았나 싶습니다.

젊었을 때 조금 더 출세에 눈을 떴어도 좋았겠다는 생각도 듭니다. 다른 사람들은 승진이나, 자신이 원하는 곳에서 일하기 위해 노력했는데, 저는 그런 쪽에 별로 생각이 없었습니다. 회사에서 임무를 맡기면 최선을 다해 획기적인 것을 만들어내겠다는 생각만 했던 것 같습니다. 하지만 그런 점이 나중에는 오히려 많은 도움을 줬으니, 꼭 나쁘다고만 할 수도 없겠네요. 저는 월급쟁이 생활을 65세까지 했습니다. 직장인으로서는 아주 행복한 생활을 했다고 할 수 있습니다. 퇴직 후에도 현대종합상사에서 3년간 더 일할 기회를 얻을 수 있었습니다. 어쩌면 그게 다 주어진 일에 최선을 다했기 때문이 아닌가 싶습니다.

Q 직장생활에서 큰 고비가 있었다면 언제입니까?

A 진급에서 누락되었을 때입니다. 어느 정도 직장생활을 해본 사람들은 다들 공감할 수 있을 겁니다. 제가 현대자동차에서 부품 관련 업무를 8년 동안 했습니다. 현대자동차가 미국에 진출하기 전의 일입니다. 캐나다에 먼저 진출했을 때였는데, 갑자기 인기를 끌면서 수출이 5만 대까지 늘었습니다. 이전까지 현대차 전체 수출물량이 2만 대 정도였으니 얼마나 많은 양인지 짐작할 수 있을 겁니다. 하지만 그때까지도 현대자동차에 부품창고가 없었습니다.

자동차에는 많은 부품이 들어가는데, 한 차종 당 보통 5,000개 이상의 부품이 필요합니다. 하지만 부품창고가 없어서 캐나다에서 주문을 받으면 그제야 발주를 내고 부품을 수급해야 했으니 제대로 일이 진행될 리 없었습니다. 이전부터 부품을 모아둘 창고가 필요하다고 회사에 요청했지만 받아들여지지 않았습니다. 하지만 막상 부품수급이 제대로 되지 않자 모든 책임이 저에게 돌아오더군요. 그 당시 저보다 실적이 떨어지는 사람들도 진급을 했었는데, 저는 진급에서 누락됐습니다. 그때 회사를 그만둬야 할지 계속 있어야 할지 심각하게 고민했습니다. 그리고 '회사를 그만두고 나면 뭘 해야 할까?' 생각을 많이 했습니다.

Q 중요한 선택의 기로였을 텐데, 어떻게 결정을 내리셨습니까?

A 그런데 상황이 점점 더 나빠지더군요. 이런저런 고민을 하던 차에 회사에서 2만 평짜리 창고를 만들기로 하고 부품을 담당하는 임원이 기존 인력들을 데리고 내려왔습니다. 그 와중에 저는 외톨이가 될 수밖에 없었습니다. 조직이 새롭게 생기면 후임자는 전임자가 했던 일들을 축소하는 악습이 있습니다. 덕분에 제 노력은 거의 인정받지 못했습니다. 그렇게 1년을 버티다가 현대자동차 미국법인으로 발령을 받았습니다. 제게는 돌파구가 생긴 셈이었습니다. 미국법인에서 딜러와 직원들 관리가 잘 안 돼서 누군가 한 사람을 현지로 보내려고 했는데, 제가 추천을 받았습니다. 회사에서는 제가 성격도 좀 있고 영어도 잘 하니 미국에 가서도 기죽지 않고 일할 거로 생각했다더군요.

Q 당시만 해도 외국어에 능통한 사람이 많지 않았을 텐데, 어떻게 공부하셨습니까?

나는 스타트업 대신 회사를 선택했다

A 고등학교 2학년 때 호주에서 온 분을 알게 됐습니다. 그분과 1년 반 동안 영어공부를 했습니다. 사실 그때는 수업이 끝나고 꺼내주시던 케이크가 더 욕심이 났었지요. 제가 살던 곳이 장항이었는데, 같이 영어공부를 했던 사람은 저와 제 친구 그리고 장항읍장, 세무서장, 경찰서장 등이었습니다. 그렇게 인연을 맺은 뒤 영어 선생님과 3~4년 동안 편지를 주고받았습니다. 대학에 들어가서도 영어공부를 열심히 했지요. 그런 노력이 있어서인지 동기들 중에서도 꽤 영어를 잘 하는 편이었습니다.

Q 미국법인으로 자리를 옮긴 뒤에는 어땠습니까?

A 1997년 1월에 미국으로 갔습니다. 현대자동차는 1980년대 중반에 '엑셀'을 1년에 23만 대까지 판매했습니다. 그러던 것이 1989년에는 12만 대 수준까지 떨어졌고, 그렇게 8년 정도 지지부진한 성적이 이어졌습니다. 제가 미국으로 갔던 1997년에도 1년에 11만 대밖에 팔지 못했습니다. 매년 적자가 날 수밖에 없었지요. 누계손실이 1억 달러에 달했으니 아주 심각했습니다. 차를 더 팔려면 광고비도 많이 늘려야 했고, 소매상들에게도 리베이트를 제공해야 했습니다. 여건이 썩 좋지 않던 시절이었지요. 본사에서는 수출을 해야 하는 상황이라 계속해서 미국으로 차를 보내왔고, 막상 차는 잘 팔리지 않아서 재고가 7개월 치나 쌓여갔습니다. 혼다나 도요타 같은 회사는 재고가 2개월 치 정도에 불과했으니 모든 상황이 경쟁사보다 악조건이었지요.

제가 도착해서 팔을 걷어붙이고 시작한 일이 재고 줄이기였습니다. 재고를 합리적인 수준으로 유지해야 한다는 생각이 가장 먼저 들었기 때문입니다. 차를 쌓아놓을 공간도 없고, 판매도 어려운 상태에서 차를 계속 받을 수는 없었습니다. 이 때문에 본사 임원들과 충돌이 많았습니다. 일단 재고를 줄이기 시작하면서 미국에서 현대자동차가 안 팔리는 이유를 점검했습니다. 가장 먼저 영업망이 눈에 들어오더군요. 당시 미국은 한 회사 차량만 판매하는 독점 딜러와 여러 회사 차량을 판매하는 일반 딜러로 나뉘어 있었는데, 다른 자동차 업체들과 달리 현대자동차는 독점 딜러가 없었습니다. 여러 회사 차량을 판매하면 아무래도 리베이트를 많이 주는 쪽 차를 팔려고 하기 때문에 독점 딜러를 키우는 일이 무엇보다 중요하다고 판단했습니다.

독점 딜러망을 구축하는 한편으로 구매에 영향을 미치는 요소를 조사해봤더니, 현대차의 품질에 대한 소비자의 불신이 높다는 걸 알게 됐습니다. 몇 년 타다 보면 여기저기 자주 고장이 생겼기 때문에 품질에 대한 신뢰도가 낮았습니다. 그러다 보니 중고차 가격도 상대적으로 낮았고, 그게 다시 신차 가격에 영향을 주는 악순환이 이어지고 있었습니다. 그러나 현대차는 1990년대 후반부터 품질개선을 위해 노력을 많이 했고, 실제로 품질도 이전 모델보다 많이 개선되어 있었습니다. 하지만 고객들이 그걸 알아주지 않는다는 게 문제였지요. 어떻게 해야 소비자들에게 개선된 품질을 알릴 수 있을지 고민이었습니다. 단순히 컨슈머 리베이트를 높이는 것으로는 한계가 있고, 다른 업체들도 하던 것이라서 강력한 메시지가 될 수 없었습니다.

고심 끝에 3년 5만 마일까지 제공하던 보증을 10년 10만 마일로 늘리자는 아이디어가 나왔습니다. 경쟁업체들과 엇비슷하던 보증기간을 10

년 10만 마일로 대폭 늘린다면 다른 전략보다 파급력이 클 것이라는 확신이 있었습니다.

좋은 아이디어라는 생각은 들었지만 내심 부담스러웠던 것도 사실입니다. 그때까지 시도했던 전략과는 전혀 달랐고, 비용이 예상보다 높으면 어떻게 감당해야 할지 걱정이 되더군요.

Q 당시로는 파격적인 정책이었을 텐데, 추진하는 도중에 어려움은 없었습니까?

A 가장 먼저 실무진과 보증기간을 10년 10만 마일로 확장했을 때 비용이 얼마나 더 추가되는지 시뮬레이션을 해봤습니다. 그랬더니 1대당 600달러 정도를 부담하면 10년 10만 마일 보증을 할 수 있다는 결과가 나왔습니다. 그 당시 판매촉진을 위해 리베이트와 광고비 등을 합쳐 1대당 1,000달러 이상을 추가할 계획을 하고 있었기 때문에 비용 면에서는 부담이 크지 않았습니다. 하지만 문제는 시뮬레이션이 실제 상황에서 어떻게 나타날지에 대해 확신이 서지 않는다는 점이었습니다. 예상보다 큰 비용이 들 경우, 그 책임을 고스란히 제가 감당해야 했습니다.

본사에 의견을 물었더니 아니나 다를까 반대가 심하더군요. 품질이 이전보다 좋아지긴 했지만 10년을 기준으로 자동차를 만든 것이 아니기 때문에 추진하기 어렵다는 견해였습니다. 하지만 저는 이 전략을 꼭 추진해야 한다고 생각했기 때문에 담당 임원들을 한 사람씩 만나 설득하기 시작했습니다.

열심히 뛰었지만 제가 얻은 것은 "위험부담이 크니 당시 출시된 신형 쏘나타만 그 전략을 써 보라."는 대답이었습니다. 하지만 한 가지 모델에만 적용하면 '10년 10만 마일'이라는 메시지의 영향력이 줄어드는 것은 물론, 다른 차종을 산 고객들의 항의가 빗발칠 게 뻔했기 때문에 반드시 전 차종에 적용해야 한다고 생각했습니다.

그러던 중 본사 최고경영자가 미국을 방문하는 일정이 있었는데, 그때 직접 만나서 10년 10만 마일 보증에 관한 결정을 받아냈습니다. 그리고 그 전략이 보기 좋게 성공했습니다. 아마도 그때가 직장생활을 하는 동안 가장 큰 희열을 맛본 순간이 아닌가 싶습니다.

Q 일종의 극약 처방이었던 것 같습니다.

A 맞습니다. 하지만 극약 처방이라 가능했다고 생각합니다. 그만큼 절박했기도 했습니다. 당시 미국에서 르노와 피아트가 이미 철수한 뒤였고, 현대자동차 역시 더 상황이 악화되면 어떻게 될지 모르는 상황이었습니다. 본사의 허락을 받은 뒤 LA에서 전미 500곳의 딜러들을 모은 뒤에 10년 10만 마일 보증 정책을 발표했습니다. 사람들이 쉽게 기억할 수 있도록 '아메리카 베스트 워런티(America Best Warranty)'라는 이름도 지었습니다. 행사에 참여한 딜러들이 모두 손뼉을 치고 환호했습니다.

회사의 거의 모든 사람이 그 정책을 반대했지만, 반드시 해내겠다는 열정으로 밀어붙였기 때문에 성공할 수 있었다고 생각합니다. 그 일을 겪으면서 스스로 옳다고 생각한 일은 끝까지 밀고 나가야 한다는 생각을 하게 되었습니다.

한 가지 재미있는 것은 그렇게 시작한 정책 때문에 현대자동차의 품질 관리 표준이 바뀌었다는 점입니다. 10년 10만 마일 보증을 해야 했기 때

나는 스타트업 대신 회사를 선택했다

문에 공장에서도 품질관리를 강화할 수밖에 없었습니다. 수동적인 원인이었지만 획기적인 품질개선이 진행됐습니다. 그렇게 6개월이 지나니 판매가 늘기 시작했습니다. 예상이 적중한 것이지요. 최근 현대자동차는 디자인 부문에서 획기적인 개선이 진행되고 있습니다. 거기에도 누군가의 열정이 들어가 있다고 생각합니다.

Q **직장생활을 하면서 소신을 지키기가 쉽지만은 않을 것 같습니다.**

A 자기 스스로 해야 한다고 느끼는 일이 있다면 남들이 뭐라고 하건 연연하지 말고 앞장서서 개척해야 합니다. 위에서 하지 말란다고 주저앉지 말고 어떻게든 소통해서 일을 성사시키려는 추진력이 있어야 합니다. 그러기 위해서는 자기 스스로 그 일에 대해 확신이 있어야 합니다. 그리고 그런 확신이 있다면 어떻게든 상사를 설득시켜야 합니다. 설득에는 열정이 필요합니다. 과정은 힘들지만 그로 인한 성과가 기쁨과 만족을 가져올 것입니다.

제 경우에는 사회초년생 때 경험이 많은 도움이 되었습니다. GM코리아에 근무할 때 부품 머천다이징을 담당했는데, 그 당시 청계천에 부품대리점이 많았습니다. 하지만 각 부품대리점에 우리 회사 제품을 취급한다는 표시가 없더군요. 그래서 기업 로고를 통일해야 한다는 생각으로 전국 각 대리점의 점포 크기 등을 확인하고 나서 기업 로고 통일 작업을 했습니다. 작업이 모두 완료되고 부장에게 결재해달라고 했더니, 위에서 결재를 해주지 않는다고 했습니다. 몇 번이고 안 된다고 하기에, 일한 게 아까워서 제가 직접 임원을 만나겠다고 하고 담당 임원을 찾아갔습니다. 그런데 직접 결재를 받으러 갔더니 너무 쉽게 결재를 해주더군요.

그 일은 제게 무척 큰 사건이었습니다. 만약 제가 바로 위 상사의 말만 듣고 무작정 기다렸다면, 그 기업 로고 건은 해결되지 않았을 겁니다. 그 일을 겪고 나서 '가만히 앉아서 기다리면 아무것도 해결되지 않는다'는 걸 깨달았습니다. 그런 깨달음 덕분에 현대자동차에 있을 때도 남들이 안 된다는 일, 그렇게 하면 회사가 망한다고 말리는 일까지도 추진할 수 있었습니다.

Q 누구나 임원을 꿈꾸지만 쉽지 않습니다. 본인이 임원까지 오를 수 있었던 핵심적인 이유가 무엇이라고 생각하십니까?

A 글쎄요. 제가 다른 사람과 크게 달랐던 건 없었던 것 같습니다. 누구나 일하다 보면 무엇이 문제고 필요한 게 어떤 건지 알게 마련입니다. 하지만 늘 생각에 그친다는 게 문제입니다. 제 경우에는 생각을 이루려고 노력을 많이 했던 것 같습니다. 부당한 상황을 보면 건의도 많이 했고, 합리적이지 않은 일은 바꾸려고 했고, 새롭게 일하려고 많은 시도를 했던 게 도움이 됐습니다.

Q 스트레스는 어떻게 푸십니까?

A 술로 풀기도 하고 운동도 즐깁니다. 여러 가지 운동을 해봤는데, 저에게는 등산이 가장 좋았던 것 같습니다. 지금은 외국에 트래킹도 많이 다니고 있습니다. 북알프스와 남알프스, 보르네오 섬, 히말라야 등정도 해봤습니다.

Q 직장인으로서 한 분야에 전문적으로 몰두하는 스페셜리스트와 다양한 분야를 넓게 섭렵하는 제너럴리스트 중 어느 쪽이 더 중요하다고 생각하십니까?

A 그 부분은 직종에 따라 다르기 때문에 쉽게 말할 수 없습니다. 업종을 뛰어넘어 다양한 경력을 가진 사람이 많은 기회를 얻을 수 있을 것입니다. 물론 자신의 전문분야는 있어야겠지만, 한 가지 전문분야를 중심으로 다른 분야로 넓혀나가야 합니다. 전문성을 어느 정도 확보해야 하는지는 자신이 알 수 있다고 생각합니다. 외국 경험과 외국어 능력도 중요합니다. 제가 그동안 회사에서 좋은 경험을 쌓을 수 있었던 것도 외국어 실력이 있었던 덕분입니다.

Q MBA나 전문대학원 등 직장인 재교육에 대해서는 어떻게 생각하십니까?

A MBA 같은 경우, 분명히 도움은 될 것으로 생각합니다. 사고의 방식이 달라지니까요. MBA가 아니더라도 요즘에는 인터넷을 통해서 배울 수 있는 것도 많으니, 노력 여하에 따라 얻을 수 있는 게 많을 겁니다. 기회는 곳곳에 있지만 그걸 이용하는 사람들이 많지 않지요.

Q 직원들을 선발할 때 중요하게 보는 부분은 무엇입니까?

A 거짓말 안 할 사람인지를 제일 먼저 살펴봅니다. 일에 욕심이 있는지도 살펴봅니다. 가벼운 사람은 되도록 피하려고 합니다.

Q 본인에게 일이란 어떤 의미입니까?

A 저는 일의 의미를 '재미'와 '성취감'에서 찾습니다. 다른 사람이 하

지 않았지만, 스스로 반드시 해야 한다고 생각하는 일을 해냈을 때 일하는 재미를 느꼈습니다.

Q 향후 계획에 대해 듣고 싶습니다.

A 봉사활동을 할 생각입니다. 제 나이에 할 수 있는 일이 뭘까 생각해보니 '통역'이나 '안내' 등이 있겠더군요. 하지만 이런 일이 내게 맞는지 어떤지 조금 고민이 됩니다. 인터넷을 활용해서 제가 했던 경험을 알려야겠다는 생각도 합니다. 그래서 좀 더 잘해볼 생각으로 최근에는 사진을 배우고 있습니다.

Q 미래를 불안해하는 사회초년생이나 대학생들을 위해서 한 마디 부탁드립니다.

A 야망이 있어야 합니다. '소년이여 야망을 품어라' 어떻게 보면 이 말은 소년뿐 아니라 직장인들에게 꼭 필요한 말입니다. 사회초년생일수록 조직에 순응할 것이 아니라 야망을 품어야 합니다. 그래야 자기만의 비전도 그릴 수 있고 목표를 세울 수 있습니다.

Q 자동차업계에 관심이 있는 분들에게 조언을 부탁드립니다.

A 아무래도 시장이 크다 보니 많은 것을 배울 수 있습니다. 대부분의 업체가 다른 나라와 일을 하기 때문에 해외 경험을 쌓을 수 있다는 것도 장점입니다.

Q 대학생으로 돌아간다면 무슨 일을 하고 싶습니까?

A 공부를 더 열심히 해보고 싶습니다. 인생을 살면서 그때그때 해야 할 일들이 있다는 생각을 합니다. 대학생 시절에는 학교공부뿐만 아니라 여러 가지 다양한 주제를 공부하고 더 많은 경험을 하면 좋을 것 같습니다. 제가 대학에 다닐 때는 외국 여행이 사실상 불가능했습니다. 하지만 지금은 얼마든지 외국 여행도 할 수 있고, 다양한 경험을 쌓을 많은 기회가 있다고 생각합니다.

목표를 정했다면 끝까지 부딪쳐라

윤여을

Interview

윤여을 한앤컴퍼니 회장

사모펀드 한앤컴퍼니의 대표인 윤여을 회장은 사람들에게 전 소니코리아 대표로 더 잘 알려져 있다. 2010년 설립된 한앤컴퍼니는 그간 여러 분야의 기업 인수를 수행해 왔다. 현재 3조 원 이상의 자본금을 운용하고 있으며, 장기적 관점에서 기업의 성과와 전략적 가치를 높이기 위한 선별적인 투자를 진행하고 있다.

일본에서 유학하고 후지쯔에 입사한 윤여을 대표는 경제적인 문제를 해결하기 위해 금융권으로 회사를 옮긴다. 이후 바클레이스 한국 사무소장 직을 거절하고 하버드 MBA 과정에 전액 장학금을 받고 진학한다. 하버드 MBA 과정을 마친 뒤에는 맨해튼 금융권에서 근무하기를 꿈꿨지만, 소니뮤직코리아의 제의를 받고 30대 초반에 CEO의 길로 접어들었다. 이후 소니엔터테인먼트코리아, 소니코리아의 CEO직을 수행하며 회사를 성장시켰고, 2010년에 소니를 떠나 2011년에 사모펀드 한앤컴퍼니 회장으로 취임했다.

윤여을 대표는 직장을 선택하는 데 있어 '개인적 성취' '경제적 문제 해

결' '사회적 존경'이라는 세 가지 요소의 조화를 고려해야 한다고 말했다. 직장을 선택하거나 이직할 때 이 세 꼭짓점을 연결한 삼각형 모양을 생각하면 결정에 도움이 된다는 것이 그의 생각이다.

자신이 CEO로 올라설 수 있었던 키워드로는 '도전'을 꼽았다. 그는 남들이 할 수 있는 일, 이미 해 놓았던 일이 아닌 아무도 하지 않는 일을 해냈을 때의 성취감이 자신을 이끌었다고 설명했다.

멘토의 중요성에 대해서도 강조했다. 어떤 사람을 만나고 함께 어울리느냐가 향후 진로에 많은 영향을 미치기 때문이다. 그러나 멘토를 너무 멀리서 찾을 필요는 없으며, 자신을 잘 알고 자신의 능력과 자질에 대해 현실적인 충고를 해줄 수 있는 사람이 더 좋은 멘토가 될 수 있다고 조언했다. 무엇보다 직장인들 모두가 꿈을 품고, 그 꿈을 이루기 위해 도전하라는 당부도 아끼지 않았다. 꿈을 하나씩 이뤄나가는 과정에 어려움과 저항이 있겠지만, 도전정신으로 장애물을 뛰어넘어 나갈 때 큰 성취감을 느낄 수 있다고 조언했다.

Q 처음 직장생활을 시작하실 때 얘기부터 듣고 싶습니다.

A 대학에서 경영학을 전공했고 미국에서 MBA를 하기 전에는 금융 업무를 담당했습니다. 대학 졸업 후 처음으로 입사한 곳은 일본의 후지쯔였습니다. 특별한 뜻을 품고 입사한 건 아니었고, 졸업하자마자 내가 들어갈 수 있는 회사 중 한 곳을 찾다가 후지쯔로 가게 됐습니다. 그랬기 때문에 어떤 특별한 각오나 '회사에 들어가서 어떤 인재가 되겠다.'라는 거창한 계획 같은 것은 없었습니다. 그저 일본 대기업이 어떤 곳인지 알고 싶다는 마음만 가득했습니다.

일본 국적을 갖지 않은 사람 중 본사에 입사한 사람은 제가 최초였다고 알고 있습니다. 1981년이었는데, 당시 일본회사는 외국인에게 굉장히 폐쇄적이었습니다. 다행히도 경력직이 아닌 신입사원으로 입사했기 때문에 외국인으로 겪는 차별은 별로 없었습니다. 그곳에서 일본 대기업 문화에 대해 어느 정도 알게 됐습니다.

Q 사회생활 시작 전과 후의 가장 큰 차이점은 무엇이었습니까?

A 막상 회사에 입사해보니 현실과 이상의 차이가 컸습니다. 물론 후지쯔는 지금도 좋은 회사입니다. 하지만 제가 입사했던 시절에는 그야말로 일본에서 가장 좋은 회사였습니다. 후지쯔에 입사하게 된 것만으로도 굉장히 들떴던 기억이 납니다. 하지만 막상 입사하고 나니 서류복사 같은 잡무가 대부분이었습니다. 그러다 보니 '내가 이런 일이나 하려고 여기에 있는 건가?' 하는 생각이 들었습니다. 사실 다른 회사도 별반 다르지 않았을 것입니다. 일본 특유의 도제식 직장문화에서는 신입사원 누구나 거쳐

나는 스타트업 대신 회사를 선택했다

야 했던 일이었습니다.

어찌됐든 제가 상상했던 회사와는 너무 달랐기 때문에 당황했습니다. 그렇게 도제식으로 업무를 차차 배워나갔는데, 내 머릿속에는 '다들 공부도 할 만큼 한 사람들인데 왜 이런 일을 시킬까?' 하는 생각이 떠나지 않았고, 그와 같은 방식의 회사 운영을 이해할 수 없었습니다. 당시 좋지 않은 기억 때문에 소니코리아의 신입사원들에게는 회사의 업무를 바로 시작할 수 있도록 기회를 주었습니다. 신입사원이라도 스스로 할 수 있고 회사에 공헌할 수 있는 일을 줌으로써 주인의식을 갖도록 하고, 각자의 업무에 직접 부딪히면서 성취감을 느끼게 하는 것이지요. 마치 군대처럼 일방적으로 일을 부여하고 강요하는 것은 회사나 직원 모두에게 좋지 않습니다.

Q 다른 회사들의 분위기도 비슷했다고 했는데, 후지쯔를 떠난 이유는 무엇인가요?

A 이유는 간단합니다. 월급이 적었기 때문이지요. 전자회사 월급이 다른 분야에 비해 상대적으로 적었는데, 당시 제게는 이미 부양해야 할 가족이 있었습니다. 후지쯔에서 다른 사람의 허드렛일을 하는 것도 싫었고 생활잔업에 지쳤습니다. 월급이 적은 일본회사에는 생활잔업이라는 것이 있는데, 일부러 하지 않아도 될 잔업을 해서 수당을 받는 것을 말합니다. 이런 방법으로 수당을 받는 일이 당시 회사에서는 일반적이었지만 제게는 맞지 않았습니다. '너무 바보 같다.'는 생각이 들었습니다.

월급만으로는 생활을 유지하기가 벅찼습니다. 그래서 다른 회사를 찾다 보니 증권회사 월급이 꽤 높은 것을 알게 됐습니다. 1년 반 만에 후지쯔를 그만두고 외국계 증권회사로 자리를 옮겼습니다. 당시 그 증권회사에서는 조사역을 맡았습니다. 애널리스트들이 보고서를 쓸 때 도와주는 역할이었습니다. 월급도 많이 받고 내가 아는 분야의 일을 제대로 할 수 있어서 마음에 들었습니다. 실력만 있으면 얼마든지 원하는 일을 할 수 있다는 점도 무척 만족스러웠습니다. 이쪽 분야 경험을 쌓고 공부를 더 해서 월스트리트로 가야겠다는 생각도 했습니다.

Q 증권회사 시절에는 어땠습니까?

A 사실 증권업에 있었던 시간도 그리 길지는 않았습니다. 공부를 더 하기 위해 유학을 선택했기 때문입니다. 그 당시 조사역을 거쳐서 한 외국계 금융사의 도쿄지점 애널리스트로 근무했습니다. 그러다가 한국사무소를 만든다고 해서 한국으로 들어오게 됐습니다. 그때 영국은행인 바클레이스가 프랑스 증권회사와 합자하여 한국 자본시장에 들어오려 했는데, 제게 한국사무소장을 맡아달라고 제의해왔습니다. 연봉 7,500만 원에 집과 차를 주겠다고 했는데, 당시 제 나이가 30대 초반이었던 것을 생각하면 상당히 파격적인 조건이었습니다. 하지만 저는 이미 월스트리트로 가겠다는 마음을 먹고 있던 터라 제안을 받아들이기 힘들었습니다. 최고 수준의 MBA 과정을 이수하고 월스트리트에 진출하겠다는 마음이 더 컸기 때문입니다.

Q 회사원이 유학을 선택하기가 쉽지는 않았을 것 같습니다.

A 그렇습니다. 유학하는 2년 동안의 기회비용이 크기 때문에 고민이

많았습니다. 하지만 원하는 대학에 갈 수 있다면 2년의 기회비용은 감당할 수 있다고 생각했습니다. 장학금을 받을 수 있다는 생각도 들었고 장학금을 못 받더라도 가는 게 좋겠다고 생각했습니다. 가고 싶은 학교가 아닌 다른 곳을 택해야 했다면 생각이 달라졌겠지만, 운 좋게도 원하는 학교에 갈 수 있었기 때문에 결정이 좀 더 쉬웠습니다.

그렇더라도 바클레이스의 제의는 뿌리치기 어려울 만큼 좋은 조건이었습니다. 기회를 포기하고 공부를 해야 할지, 한국사무소장 제의를 받아들여야 할지 갈등이 무척 컸습니다. 주위의 만류도 많았습니다. MBA라는 것이 좋은 직장을 얻으려고 하는 것인데, 이미 좋은 직장을 구해놓고 왜 유학을 가려 하느냐고 만류했습니다. 한국사무소장 제의를 수락했다면 높은 연봉에 좋은 차와 집도 받을 수 있었겠지만 저는 유학을 가는 것이 장기적으로 더 좋은 선택이라고 생각했습니다. 당시 처가에서도 유학을 혼자 간다고 했더니 반대를 많이 했습니다. 처와 아이를 두고 혼자 공부하러 간다는데 좋아하실 리가 없었지요.

Q 당시 한국에 MBA 출신들이 얼마나 있었습니까?

A 많지 않았습니다. 그러나 MBA는 이미 세계적인 현상이었습니다. 제가 MBA를 생각하게 된 건 당시 다니던 투자회사에서 겪은 작은 사건 때문이었습니다. 그때 저는 기업과 시장을 분석해서 리포트를 쓰고 그 리포트를 외부투자자들에게 설명하는 일을 했습니다. 그런데 어느 날 이상한 일이 발생했습니다. 제가 쓴 리포트가 더 나은 것 같은데, 회사에서 내 주장을 받아들이지 않고 매번 다른 애널리스트에게 물어보고 확인을 받

는 것이었습니다. 알고 봤더니 그가 MBA 과정을 마쳤다는 것이 중요한 이유였습니다. 그때 자극을 받았습니다. '아 나도 MBA를 해야겠구나.' 하는 생각이 들더군요. MBA를 준비하면서도 고민이 끊이지 않았습니다. 합격하더라도 그 많은 학비를 어떻게 조달해야 할 지가 가장 큰 고민이었습니다. 그런 와중에 바클레이스에서 소장 자리를 제의한 것입니다.

Q **유학과 직장, 둘 중 하나를 선택하기가 쉽지 않았을 것 같습니다.**

A 그 일은 제 인생에서 가장 중요한 선택이었습니다. 당시 하버드와 스탠퍼드 MBA에 합격한 상태였습니다. 바클레이스에 소장으로 가려면 그해 4월부터 출근을 해야 했고, MBA를 하려면 9월 전에 미국으로 가야 했습니다. 주위에서는 하버드 MBA를 마친다고 해도 바클레이스 소장 자리를 잡기는 어려울 거라고 하더군요. 하지만 MBA는 한 번 하면 평생 남는 것이기 때문에 바클레이스 소장보다 훨씬 더 잠재력이 크다는 생각을 했습니다. 오히려 문제는 학자금이었습니다. 당시에도 MBA 등록금은 아주 비쌌고 제게는 그만한 돈이 없었습니다. 그래서 일단 빌려서 나중에 갚는 것으로 생각하고 바클레이스 소장으로 출근하기 전 미국 학교에 가보기로 했습니다.

1987년 2월 17일에 뉴욕에 도착해서 셔틀버스를 타고 하버드로 갔습니다. 그곳에서 청강을 하기 위해 강의실에 들어갔는데, 분위기가 장난이 아니더군요. 좋기는 한데, 다니면 뼈 빠지게 힘들겠다는 생각이 들었습니다. 교수가 말하는 시간은 별로 없었고, 학생들끼리 서로 의견을 말하고 토론하는 것으로 대부분의 시간이 채워졌습니다. 그 모습을 보고 '나는 영어도 잘하지 못하는데 잘할 수 있을까?' 하는 생각도 들었습니다.

강의를 듣고 나서는 하버드 입학처장에게 가서 학비가 없으니 입학을 1년 연기해 달라고 솔직하게 얘기했습니다. 그때 저는 1년간 학업을 연기하고 바클레이스에서 열심히 돈을 번 뒤에 그 돈으로 MBA를 가야겠다고 생각하고 있었습니다. 입학처장은 그런 제도가 없기 때문에 연기가 불가능하다고 하더군요. 그래서 혹시 장학금을 받는 방법은 없냐고 물어봤습니다. 안타깝지만 MBA에 외국 학생을 대상으로 하는 장학금 지원프로그램은 없다고 했습니다. 거기에서 더 진전이 없어서 저는 1년 연기를 할 수 있게 방법을 마련해달라는 부탁을 남기고 입학허가를 받은 또 다른 학교인 스탠퍼드로 향했습니다.

스탠퍼드에도 입학을 1년간 연장해달라고 똑같은 얘기를 했습니다. 거기서도 청강했는데 하버드와는 분위기가 너무 다르더군요. 좀 더 자유로웠다고 해야 할까요? 열정적인 느낌의 하버드와는 달리 자유로운 분위기가 있었습니다. 제게는 스탠퍼드가 더 마음에 와 닿더군요.

Q 그 이후에는 어떻게 되었습니까?

A 일단 한국으로 돌아왔습니다. 미국을 다녀오고 나서 강한 인상을 받았습니다. 큰 나라라는 건 알고 있었지만, 막상 접해보니까 와 닿는 느낌이 다르더군요. 살다 보면 그렇게 직접 겪어보지 않고서는 깨닫지 못하는 것들이 있습니다. 그전까지는 해외출장이라고 해봐야 일본, 홍콩 정도였기 때문에 비행시간이 기껏해야 2~4시간 정도였습니다. 하지만 미국은 보스턴에서 샌프란시스코를 가는 데에만 6시간이 걸렸습니다. 미국이

라는 나라가 크긴 크구나 싶었고, 반드시 유학을 가야겠다는 생각이 들었습니다.

한국에 돌아온 뒤로는 불면증에 시달렸습니다. 직접 가보니 꼭 유학을 가야겠다는 생각이 들었는데, 당장은 그럴 여건이 되질 않았습니다. '유학을 가고 싶지만 돈이 없어서 갈 수가 없구나.' 하는 생각이 머리를 떠나지 않았고 마음고생이 무척 심했습니다.

그때 제 인생의 중요한 드라마가 시작됐습니다. 미국을 다녀온 지 2주 만에 스탠퍼드에서 입학을 1년 연기해주겠다는 연락이 왔습니다. 아쉽게도 하버드에서는 아무 연락이 없었습니다. 그래서 일단 4월 1일부터 바클레이스 한국사무소장으로 출근하기로 했습니다. 1년간 열심히 일해서 스탠퍼드 MBA로 가야겠다고 마음을 먹었습니다. 그런데 출근하기 하루 전인 3월 30일 오전 7시에 집으로 전화가 왔습니다.

"여기는 하버드 비즈니스 스쿨인데, 미스터 윤이 맞느냐?"고 묻더군요. "맞다." 라고 대답했더니 "정말 우리 학교에 돈이 없어서 못 오는 거냐?"고 다시 물어왔습니다. 그래서 "그렇다."라고 대답했습니다. 그랬더니 수화기 저편에서 "2년간 장학금을 지원할 테니 와라,"는 말이 들렸습니다.

그 전화 한 통으로 제 인생이 바뀌었습니다. 막상 그 얘기를 들었을 때는 도무지 믿을 수가 없었습니다. 불과 얼마 전에 외국인 학생 장학제도가 없다는 얘기를 듣고 왔는데, 2년 동안 장학금을 주겠다고 하니 얼마나 이상했겠습니까? 인터넷도 없고 전화와 텔렉스밖에 없던 시절이었습니다. 그래서 저는 확신을 가지려고 텔렉스를 보내줬으면 좋겠다고 했고, 2년간 장학금을 지급하겠다는 내용을 전달받았습니다. 그때 받은 텔렉스

나는 스타트업 대신 회사를 선택했다

를 아직도 가지고 있습니다. 그토록 원하던 하버드 MBA를, 그것도 2년 동안 장학금을 받으며 다닐 수 있게 된 겁니다.

Q 노력도 하셨지만 운도 따르셨던 것 같습니다.

A 그랬습니다. 하지만 문제가 있었습니다. 고민하던 장학금은 해결됐는데 내일부터 출근해야 하는 바클레이스를 어떻게 해야 할지 난감했습니다. 곧바로 전화를 걸어 담당자에게 자초지종을 설명했습니다. 다행히도 제가 하버드 MBA를 가고 싶은데 돈이 없어서 못 가는 걸 바클레이스에서도 알고 있었습니다. 전화를 해서는 "정말 미안한 일이지만 이걸 포기하면 평생 후회할 것 같다. 꼭 가야겠다."고 솔직하게 털어놓았습니다. 결국 어렵게 바클레이스 관계자들을 설득할 수 있었고, 꿈에 그리던 하버드 MBA로 가게 되었습니다.

그 일을 겪으면서 많은 생각을 하게 됐습니다. 사회초년생에게 하고 싶은 얘기가 있는데, '자신이 꼭 해야겠다고 마음먹은 일은 반드시 해내야 한다'는 얘기입니다. 해야겠다고 마음먹은 일을 하지 못하면 평생 후회하며 살 수도 있습니다. 만약 바클레이스에 있었다면 지금보다 돈을 더 많이 벌었을 수도 있습니다. 월스트리트 사람이 되어 큰 성공을 했을지도 모르지요. 하지만 "그곳에서 지금만큼 만족할 수 있었겠느냐?"고 누군가 물어본다면, 그렇다고 대답하기 어려울 것 같습니다.

젊은 사람들에게 해주고 싶은 말은 목표를 정했으면 정말 죽을 정도로 해봐야 한다는 것입니다. 적당히 하고 그만두는 것이 아니라 끝까지 해보는 오기가 필요합니다. 저는 직원들 중에 MBA나 로스쿨에 가고 싶어하는 사람들이 있으면 모두 다 추천서를 써줍니다. 나 스스로 그런 경험을 했기 때문에, 직원들도 새로운 기회를 위해 도전할 수 있도록 도와주는 게 좋다고 생각합니다. 아쉽게도 요즘 신입사원들을 보면서 끈기가 부족한 게 아닌가 하는 생각을 자주 하게 됩니다. 직업을 갖고 그 분야에서 업무에 대해 배우는 일은 어학을 공부하는 것과 비슷한 점이 많습니다. 처음에는 열심히 하다가 중간에 그만두는 사람들이 많은 것도 마찬가지입니다. 하지만 그 어려운 시기를 극복해야 합니다. 그래야 자신이 원하는 목표를 이룰 수 있습니다.

Q 당시 하버드에서는 왜 이례적으로 장학금을 주었습니까?

A 그땐 잘 몰랐는데, 지금 돌이켜 보면 학교 측에서 학생을 선발할 때 많은 고민을 하지 않았나 싶습니다. 아마도 한국 학생을 학교의 포트폴리오에 넣겠다는 생각으로 저를 선택한 것 같습니다. 제 배경도 독특했고, 당시 한국이 올림픽 이후 급성장하던 시점이었기 때문에 한국인을 키워두면 손해를 보지는 않을 거라는 생각으로 저를 택한 것 같습니다.

장학금을 주면 나중에 더 잘돼서 자신들이 줄 수 있는 것 이상을 받을 수 있을 거라고 생각했던 것 같습니다. 제가 경쟁 학교인 스탠퍼드에 갈 수 있다는 점도 작용하지 않았을까 싶고요. 당시 하버드 MBA 과정에는 교포를 포함해도 한국 사람이 거의 없었습니다. 어찌됐든 그렇게 해서 하버드 MBA를 졸업하게 됐고, 이후 소니에 근무하면서 직간접적으로 모교에 많은 지원을 했습니다.

Q   하버드에서의 MBA 생활은 어땠습니까?

A   정말 힘들었습니다. 제 인생에서 가장 힘든 시기가 아니었나 싶습니다. 들어가기까지도 힘들었지만, 공부는 그보다 훨씬 힘들었습니다. 하버드 비즈니스스쿨은 '사례학습(Case study)'으로 진행됩니다. 다른 학교들처럼 교수가 앞에 서서 하는 강의가 없습니다. 90명이 처음부터 끝까지 토론을 하는데, 오전 8시 30분에 강의를 시작하면서 문을 닫아버리기 때문에 지각생은 들어올 수도 없습니다.

특히 1학년 때는 강의 첫날 앉는 자리가 한 학기 동안 고정석으로 정해지기 때문에, 첫 강의가 시작하기 전 새벽 4시부터 강의실 앞에서 기다리는 학생들도 있습니다. 강의실에서 가장 좋은 자리는 교수와 눈높이를 맞출 수 있는 곳입니다. 강의가 시작되면 학생들이 발표하고 싶어서 모두 손을 드는데, 교수 눈에 들지 못하면 발표 기회도 얻지 못하고 좋은 점수를 받기도 어려워집니다. 학점은 50%가 토론과 발표, 50%가 중간고사와 기말고사입니다. 하지만 교수들은 토론수업을 통해 누가 잘하는지 이미 알고 있기 때문에 토론이 학점에서 절대적입니다.

강의가 시작되면 교수가 사례를 발표할 사람을 선정합니다. 선정된 사람이 사례를 10분 정도 요약해서 발표하면, 다른 학생들이 그 내용을 가지고 토론을 합니다. 마치 회사의 마케팅부장이 회사 내부에 발생한 문제를 얘기하고 토론을 통해 해결방법을 찾는 식입니다. 사례발표가 끝나면 학생들이 벌떼처럼 손을 들고 토론을 합니다. 교수는 토론이 이상하게 흘러가면 지적을 하지만, 대부분은 가만히 누가 어떤 내용을 얘기하는지 확인합니다. 그러다가 수업이 끝나면 토론을 잘한 학생과 못한 학생을 구분해서 점수를 냅니다. 이런 식으로 수업을 진행하니 구석에 앉은 학생은 아무리 손을 들어도 말 한마디 못하고 수업을 마칠 때가 있습니다. 그렇게 발표를 하지 못하면 과락을 맞게 되고 졸업을 못 할 수도 있지요.

Q **처음 접하는 강의 방식 때문에 적응이 힘들었을 것 같습니다.**

A 그렇습니다. 최근에는 많이 달라진 것 같지만 제가 대학에 다닐 때만 해도 강의 중에 나서서 발표하면 주위에서 잘난 척한다며 수군거리는 분위기였습니다. 알아도 모른 척하는 것이 동양의 미덕이지만, 그곳에서 그랬다가는 살아남을 수가 없었습니다.

더군다나 저 같은 외국인은 영어 실력도 남들보다 부족해 여러모로 애를 많이 먹습니다. 영어를 잘하는 학생들은 50%를 알아도 80%를 아는 것처럼 얘기할 수 있는데, 저는 100%를 알아도 잘해야 80%밖에 얘기하지 못하는 식이었으니까요. 살아남는 길은 악착같이 노력하는 것뿐이었습니다. 정말 하루하루가 전쟁이었고 피를 말리는 시간이었습니다. 열심히 준비해서 발표하려고 해도 교수가 시켜주지 않는 경우도 많았습니다. 미국인들은 2~3시간 준비하면 됐지만, 저는 5시간을 공부해도 어려웠습니다. 헤쳐갈 방법은 공부시간을 늘리는 것밖에 없었습니다. 수업이 오후 2시 30분에 끝났는데, 늘 그때부터 새벽 2시까지 공부를 했습니다. 밥 먹을 시간도 아껴가며 논문을 보고 뭘 얘기할지 적어놨습니다. 그렇게 1년간 했더니 단기간에 많은 실력을 쌓을 수 있었습니다. 지금 생각해도 어떻게 그럴 수 있었는지 신기할 정도입니다. 졸업할 때 '두 번 다시 여기에 오지 않겠다'고 생각했을 정도였으니까요.

나는 스타트업 대신 회사를 선택했다

그렇게 어려운 상황을 겪고 나니 아무리 힘든 상황이 닥쳐도 견딜 수 있는 내성이 생기더군요. 힘든 일이 있어도 그때를 생각하면 견디기가 쉬웠습니다.

Q **MBA 졸업 후 진로는 어떻게 결정하셨습니까?**

A 2학년 2학기부터 직장을 잡으려고 알아보았고 다행히 월스트리트 금융권의 좋은 직장을 잡을 수 있었습니다. 그런데 어느 날 취학지도실에서 연락이 왔습니다. 찾아가 봤더니 한국에 음반회사가 생기는데 거기에 갈 생각이 없느냐고 묻더군요. 그 말을 처음 들었을 때는 솔직히 '내가 음반회사에 취직하려고 이 힘든 고생을 한 줄 아나?' 하는 생각이 들었습니다. 하지만 그쪽에서 제시한 조건을 들어보니 무척 파격적이었습니다. 소니라는 최고의 회사인 데다 한국 CEO 자리였기 때문입니다.

고심 끝에 소니뮤직코리아의 CEO로 가겠다는 결정을 내렸습니다. 한 10년 정도 소니에서 일한 뒤에는 전공인 금융 쪽으로 가겠다는 생각을 했었는데, 어쩌다 보니 계속 소니에 있게 됐습니다. 소니에 있는 동안에도 끊임없는 도전의 연속이었습니다. 소니뮤직코리아의 시작, TV 게임기 '플레이스테이션2'의 출시, 소니코리아를 맡게 된 것도 제 인생의 도전이었습니다. 그렇게 20년이 넘어가면서 소니를 떠날 때가 됐다는 생각을 했습니다.

Q **소니뮤직코리아를 처음 맡으셨을 때는 어땠습니까?**

A 한마디로 엉망이었습니다. 그래도 재미는 있었습니다. 사실 처음에

는 정말 막막하더군요. 어디서부터 시작해야 할지 고민하던 끝에 직원들의 잠재력을 끌어내는 일에 집중해야겠다는 마음을 먹었습니다. '지금은 비록 그들에게 부족한 부분이 많지만, 이들을 키우는 것이 내가 크는 길이다'라는 동기가 있었습니다.

당시 저는 32살로 무척 어린 나이였습니다. 직원 중에 저보다 나이가 많은 사람들도 많았는데, 그들과 생활하는 것도 편하지 않았습니다. 하지만 그런 불편까지도 제가 감당해야 할 도전이라고 생각했습니다. 사람들을 선발할 때는 주위에서 추천한 사람을 뽑지 않고, 제가 기준을 정해서 선발했습니다. 음반회사라는 특성을 살리기 위해 다양한 개성을 가진 여러 부류의 사람을 뽑았습니다.

Q 당시만 해도 음반 시장이 어려울 때가 아니었나요?

A 어려워서 도전해볼 만하다고 생각했습니다. 음악 시장 쪽에 관심이 있었던 것도 영향을 미쳤습니다. 남이 다하는 일, 똑같은 일만 하면 무슨 재미가 있겠습니까? 남이 안 하는 것, 남들이 다 못한다고 하는 일을 해냈을 때 성취감을 느낄 수 있습니다. 할 수 없는 일, 어려운 일에는 묘한 매력이 있습니다.

Q 리더십이 뛰어나셨던 것 같은데 어떤 비결이 있었습니까?

A 리더십에 대해서는 오래전부터 생각해왔습니다. 학창시절에도 성취욕이 있었고 사람들을 이끄는 것을 좋아했습니다. 다른 사람들이 모두 하는 것에는 매력을 느끼지 못했습니다. 남이 꺼리는 일이나 어려운 일에

나는 스타트업 대신 회사를 선택했다

관심이 많았습니다. 제가 소니뮤직코리아의 CEO를 맡은 것도 그런 생각 때문이었습니다. 당시 소니뮤직코리아는 제 전공과는 전혀 상관없는 음반회사였지만 조직의 리더라는 역할에 도전해볼 수 있다는 점에 끌려서 지원을 결정했었습니다.

Q 소니뮤직으로 옮기신 이후에 중점적으로 한 일은 무엇입니까?

A 가장 먼저 잘못된 관행을 바꾸기 위해 많이 애썼습니다. 처음에는 반발도 만만치 않았습니다. 하지만 직원들이 새로운 도전을 경험할 수 있도록 해주고 싶었습니다. 많은 시행착오를 거치면서 소니뮤직이 많이 바뀌었던 것 같습니다. 꼭 하고 싶었던 부분은 글로벌 스탠다드를 정착시키는 것이었는데, 제가 떠날 때쯤 어느 정도 정착이 되었습니다. 소니와 일하는 외국 가수를 국내에 소개하는 것뿐만 아니라 한국의 가수들도 외국으로 진출시켜야겠다는 생각을 했습니다. 그런 가수 중 한 명이 '이박사'입니다. 많은 사람이 이박사를 그저 재미있는 가수 정도로만 생각하는데, 그는 아주 성공적인 글로벌 스탠다드 사례입니다.

Q 소니엔터테인먼트코리아에서 게임 쪽 일도 하셨습니다. 생소한 분야였을 텐데 어려움은 없었습니까?

A 플레이스테이션2는 소프트웨어와 하드웨어가 만난 제품입니다. 그 점이 상당히 매력적이었습니다. 당시 한국에는 PC 온라인게임이 주류였기 때문에 콘솔게임은 통하지 않을 거라는 사람들이 많았습니다. 그런 점이 오히려 도전의식을 강하게 만들었습니다. '안 된다고? 그럼 내가 한 번

해봐야겠다.' 하고 생각했습니다. 그런 생각을 가지고 직원들과 함께 애쓴 덕분에 2년 만에 100만 대를 판매하는 데에 성공했습니다.

Q 소니코리아 사장을 맡으셨을 때는 어땠습니까?

A 소니코리아는 그동안 제가 했던 매니지먼트의 정수였습니다. 그동안 한 가지 부문에 특화된 경영을 해왔다면, 소니코리아에서는 어떻게 사람과 조직을 강화하고 전체적인 역량을 조화롭게 만드느냐가 무척 중요했습니다. 사람관리가 무척 중요했고 어려웠습니다. 제가 소니코리아 CEO이긴 하지만 본사는 일본이고 국내 주재원들도 있어서 조화를 이루면서 회사를 이끌기가 쉽지 않았습니다.

Q 일에 대한 의미가 이전과 많이 달라졌다는 생각을 합니다. 본인에게 직장의 의미는 무엇입니까?

A 직원들에게 평소에 하는 얘기인데, 직장의 의미는 세 가지라고 생각합니다.

첫 번째는 성취의 즐거움입니다. 성취하기 위해 노력하고, 성취하기 위해 어려움을 극복해야 합니다. 무언가를 해냈을 때 행복을 느낄 수 있습니다. 성취욕은 직장을 고를 때 가장 중요한 요소라고 생각합니다. 두 번째는 경제적인 부분입니다. 성취감은 높지만 경제적으로 뒷받침이 안 된다면 일을 지속하기 어렵습니다. 어떤 사람들은 경제적인 부분에 너무 많은 신경을 쓰고, 또 어떤 사람은 이 점을 아예 간과하기도 합니다. 각자 처한 상황에 따라 조금씩 다르지만, 이 부분을 해결할 수 있어야 일을 지속할 수 있습니다. 세 번째, 사회적으로 존경을 받을 수 있어야 합니다. 돈을 벌겠다고 마음먹으면 여러 가지 일을 할 수 있습니다. 하지만 반사회적인 일, 주변으로부터 존경받지 못하는 일을 해서는 경제적으로 풍족하다고 해도 끝이 좋지 않습니다.

이 중에 제가 가장 중요하게 보는 것은 '즐거움'입니다. 즐거운 일을 해야 어려움을 극복할 수 있습니다. 즐거워야 다음 일을 할 수 있습니다. 저는 소니에서 일하면서 앞서 말한 세 가지를 모두 만족했습니다. CEO였기 때문에 강한 조직을 만들고 조직원들을 행복하게 만드는 데 주력했습니다. 회사 매출을 키우기 위해 애썼고 이를 위해 많은 도전이 필요했습니다. 이런 부분을 하나씩 해나가면서 성취감을 얻고 경제적으로도 안정을 찾을 수 있었습니다.

Q 소니코리아는 가전업체로서 국내기업과의 경쟁에서 성공하지 못했습니다. 이 부분에 대한 생각을 말씀해 주십시오.

A 현실을 직시해야 합니다. 꿈과 현실 사이에는 차이가 있습니다. 하고 싶은 목표와 달성할 수 있는 목표는 다릅니다. 물론 저도 한국에서 제대로 된 경쟁을 하고 싶었습니다. 하지만 소니코리아 사장의 권한과 역량으로 삼성과 엘지에 대응할 수 있는 물건을 만들기는 쉽지 않았습니다. 전 세계적으로 봤을 때, 한국시장이 그리 크지 않았다는 것도 국내에서 경쟁하기 어려운 여건을 만들었습니다.

Q 본인만의 스트레스 해소법이 있습니까?

A 산에 가거나 수영을 합니다. 영화도 자주 봅니다. 「300」 같은 영화는 영감을 주는 좋은 영화였습니다. 제게는 그런 것들이 스트레스 해소하는 가장 좋은 방법이었습니다.

Q CEO의 역할이 무엇이라고 생각하십니까?

A 제가 생각하는 CEO의 역할은 결정을 내리는 것입니다. 사실 CEO는 회사에 나가지 않아도 별문제가 없습니다. 회사에서 월급을 가장 많이 받지만, 출근을 안 해도 문제가 없습니다. 몇 가지 중요한 결정을 제대로 내리면 자기 역할을 충분히 하는 자립니다. 하지만 결정을 제대로 내리기 위해서 노력하고 연구해야 합니다. 결정을 내리기 위해 도와주는 참모들이 있긴 하지만, 마지막 결정은 스스로 내려야 합니다. 그에 대한 책임도 당연히 본인이 져야 합니다. 어려운 결정에 대한 권한과 책임이 있기 때문에 CEO의 월급이 가장 많은 겁니다.

또 하나, 제대로 된 인물을 제대로 된 곳에 배치하는 일도 CEO의 중요한 역할 중 하나입니다. 인재를 적재적소에 배치하는 일이 쉽지 않기 때문에, 현장도 가보고 담당자들과 얘기도 해보고 경쟁사 동향도 파악하는 것입니다. 어떤 선택을 해야 할지 매번 고민이 됩니다.

Q 여가 시간은 어떻게 보내십니까?

A 극장을 찾아가 영화를 봅니다. 저는 영화광입니다. 좋아하는 영화가 장르 별로 다 다른데, 서스펜스와 추리 영역을 좋아하는 편이고 격투기도 좋아합니다. 젊은이들에게 「300」이라는 영화를 추천하고 싶습니다.

저는 이 영화를 10번도 더 봤습니다. 그 영화를 보면서 CEO의 역할에 대해 다시 한번 생각했습니다. '어떻게 판단을 내려야 할 것인가?' '더 강해지겠다!' 하는 생각이 머릿속을 맴돌더군요. 역사책을 읽는 것도 즐기는데, 특히 '열국지'와 '삼국지'를 좋아합니다.

Q 직장생활을 하면서 가장 큰 위기는 언제였습니까? 그만두고 싶었을 때도 있었을 것 같습니다.

A 그만두고 싶을 때야 수없이 많았지요. 그건 어느 직장인이나 마찬가지라고 생각합니다. 가장 힘들었을 때는 제 생각과 상관의 생각이 다른데, 그의 생각을 전혀 이해할 수 없었을 때였습니다. 하지만 당시 저는 참았고, 뒤돌아 생각해보니 참은 게 잘한 일이라는 생각이 듭니다. 참으면 참는 대로 기회가 오는 것 같습니다.

Q 직장인에게 있어 성공은 무엇이라고 생각하십니까?

A 돈을 많이 버는 것도 중요하지만 그게 핵심은 아니라고 생각합니다. 자기 일에 성취감을 느끼고, 인정받고, 경제적으로도 만족할 수 있어야 합니다. 세 가지 요소가 조화를 이루는 게 중요하다고 생각합니다.

Q 자신만의 멘토가 있었습니까?

A 친척 중에 LG전자 임원분이 계셨는데 지금은 돌아가셨습니다. 그분이 직장생활을 하는 데 많은 도움을 주셨습니다. 많은 사람이 사회적으로 성공한 사람, 남들이 알아주는 사람을 멘토라고 얘기하는데, 그러다

보면 잘못된 판단을 내리기 쉽습니다. 나를 잘 이해하고 이끌어 줄 수 있는 사람을 멘토로 삼아야 한다고 봅니다.

Q 직원을 뽑을 때 중요하게 보는 부분은 무엇입니까?

A 인성입니다. 무엇보다 먼저 사람이 되어야 합니다. 특히 긍정적이고 책임감 있는 사람인지를 중요하게 봅니다.

Q 중소기업의 경우, 잘하고 싶어도 한계를 느끼는 때가 많습니다. 어떻게 해야 할지 조언을 부탁합니다.

A 중소기업은 차별화를 잘해야 합니다. 어느 곳과도 확실히 구분되는 차별점이 있어야 합니다. 진입장벽을 높여야 살아남을 수 있습니다. 확실한 진입장벽 없이는 대기업과의 경쟁에서 살아남기가 힘듭니다.

Q 창업에 대해서는 어떻게 생각하십니까?

A 저는 새로운 일을 시작하기보다 기존 회사에서 무언가를 더 잘하게 만드는 일에 자질이 있다고 생각합니다.

Q 만약 다시 대학생이 된다면 어떤 일을 해보고 싶습니까?

A 영화감독이 되어 보고 싶습니다. 학창시절에 이소룡 영화를 보면서 깨우친 것이 너무 많습니다. 고등학생 때였는데 지금도 그때의 충격이 생생합니다. 이소룡을 보면서 '동양 사람이 무술로 할리우드를 장악할 수도 있구나' 하는 생각을 했습니다. 미국 산업 중에 가장 강력한 산업이 할리

우드를 중심으로 한 영화산업이라고 생각합니다. 이소룡은 이미 40년 전에 새로운 콘셉으로 기존의 것을 뒤집어 버렸습니다. 영화계의 산업혁명 같은 일입니다. 그는 작은 몸을 이용한 빠른 무술로 미국인들을 사로잡았습니다. 손자병법에도 나오는 '남이 가지지 않은 것으로 차별화해서 공격하는 것'입니다. 이소룡 이전에도 외팔이, 왕우 등 중국 무술을 하는 배우들이 있었습니다. 하지만 그들은 미국에서 통하지 않았습니다. 반면에 이소룡은 무술을 새롭게 해석해 새로운 시대를 열었습니다. 미국 사람들 중에 한국이 어디에 있는 나라인지 모르는 사람도 '브루스 리(이소룡)'가 중국 사람이라는 것은 압니다. 다시 대학생이 된다면 영화감독이 되어 이소룡과 같은 또 다른 일을 시도해보고 싶습니다.

Q 삶의 철칙이 있다면 말씀해 주십시오.

A '진인사대천명'입니다.

03

지금 있는 그 자리에서 최선을 다하라

•

안규문

Interview

안규문 전 밀레코리아 대표

안규문 전 밀레코리아 대표는 대학 졸업 후 쌍용에 입사해 해외 지사 여러 곳에서 근무했다. 이후 독일 프리미엄 가전업체 밀레코리아의 법인장을 맡아 11년간 성공적으로 경영한 뒤 2016년에 정년 퇴임했다. 그가 사회초년생들에게 강조하는 메시지는 '자신의 시선, 자신의 생각으로 살아가라.'였다. 독서를 통해 정서와 지식을 풍부하게 하고, 여행을 포함한 다양한 경험으로 세상을 보는 시야를 넓힌 뒤, 타인의 생각이 아닌 자기 생각으로 살아갈 때 일과 인생 둘 다 행복하게 꾸려나갈 수 있다고 이야기했다.

밀레는 전 세계 프리미엄 가전의 절대적인 강자로 100년 넘게 가전제품 분야에만 집중해온 업체다. 안규문 전 대표는 밀레가 오랜 시간 가전제품 시장의 강자가 될 수 있었던 이유를 '한가지 부문에서 지속적인 개선을 추구한 기업 정신' 덕분이라고 평가했다.

안규문 전 대표는 "대학에서는 학점이 승부를 결정하지만, 비즈니스 세계는 더 복잡하고 어려운 과정을 통해 승부가 결정 난다."고 말했다. 그러

면서 "힘든 직장생활 속에서 발생하는 일에 대해 일희일비하지 말고 꾸준히 업무 파악을 하면서 평판을 쌓으라."고 조언했다. 사회초년생 때는 대기업에 들어가 승승장구하는 친구가 부러울 수 있지만, 직장생활은 긴 여정이고 누가 더 성장할지는 노력 여하에 따라 다르다는 말이다. 그는 일과 회사의 의미를 깨닫고 깊고 넓게 생각하기 위해서는 경험을 많이 쌓아야 한다고 강조했다.

안 전 대표는 업무와 별도로 시간을 내서 책을 읽으며 시야를 넓히고 경험을 쌓아 전문적인 경쟁력을 키워야 한다고 말했다. 본인의 시각으로 생각하고 상상하는 능력을 키워야 제대로 된 판단과 분석을 할 수 있게 된다는 것이다. 또한 그는 직장인의 경쟁력이 학력이나 경력보다 인성과 적극성, 인내심을 바탕으로 충분히 실력을 쌓아갈 때 만들어진다고 설명했다. 특히, 직장인으로서 꿈을 이루고 싶다면 자신만의 미래를 구상할수 있어야 한다고 말했다. 그렇지 않으면 평생 남이 좋아하는 것만 좇다가 정작 자신의 꿈과 멀어진 생활을 하게 된다는 것이 그의 생각이다.

Q 직장생활을 시작하던 때의 이야기를 듣고 싶습니다.

A 대학을 졸업하고 해외에서 경험을 쌓고 싶다는 생각으로 쌍용에 입사했습니다. 당시만 해도 비즈니스 이외에는 해외에 나갈 기회가 많지 않던 때라서 우리나라와 해외를 오가는 비즈니스맨이 되는 것이 꿈이었습니다.

쌍용에서 쿠웨이트, 미국, 일본, 태국 지사를 거쳐 커미넷 부사장, 코미상사 대표를 지냈고, 2005년 8월에 밀레코리아 법인장이 됐습니다. 밀레는 쌍용에 있을 때 수입사업을 하기 위해 담당을 맡았습니다. 그런데 쌍용이 어려워지면서 밀레 관련 사업을 그만두게 되자, 독일 밀레 본사에서 지사장을 맡아달라고 요청해서 근무하게 됐습니다.

Q 회사에서 이직하려는 직원이 발생하면 어떻게 하셨나요?

A 회사에 입사해서 자신이 원하지 않는 부서에 배치되면 '내가 이 일을 하려고 회사에 들어온 게 아닌데.' 하는 생각으로 사표를 내는 경우가 많습니다. 가족들끼리도 마음에 들지 않는 부분이 있는데, 모르는 사람들을 모아놓은 회사에서 본인 마음에 쏙 드는 상황이 만들어지기는 어렵습니다. 그래서 직원들에게 이 세상에 맞춤 회사는 없다고 얘기합니다. 회사가 본인에게 맞추는 것이 아니라, 본인이 회사에 맞출 수밖에 없습니다.

누구나 만족하는 좋은 회사도 없습니다. 좋은 회사로 만들어가는 과정이 있을 뿐입니다. 아니 처음부터 좋은 회사는 없다고 봐야 합니다. 원론적인 이야기라고 할 수 있겠지만, 사회초년생들이 회사에 대해 너무 모르는 부분이 많은 것 같습니다. 그런 부분들을 깨우치기 위해서라도 좀 더

나는 스타트업 대신 회사를 선택했다

인내심을 가질 필요가 있습니다.

특히 엘리트 코스를 밟아온 사람들은 본인에게 대단한 능력이 있다고 생각하는 경우가 많은데, 회사의 시각으로 보면 사람마다 그리 큰 차이가 없습니다. 대학에서는 1점, 2점이 승부를 결정하지만, 비즈니스 세계에서는 전혀 다른 문제입니다. 업무와 관련된 능력은 학교와는 다른 기준으로 만들어집니다. 학력 위주 사고에서 벗어나지 못하는 사람들이 여전히 있습니다. 학력이나 경력보다는 인성이나 업무와 관련한 적극성이 더 큰 차이를 만들어내는 것 같습니다.

최근 대기업들이 인성을 강조하는 것도 같은 이유라고 생각합니다. 이런 추세는 앞으로도 계속될 것으로 보입니다. 회사는 노벨상을 받기 위해 연구하는 곳이 아니라, 사업하는 데 필요한 일을 하는 곳입니다. 회사에서는 학점이나 수능 점수가 아니라 업무 감각이 높은 사람이 필요하고 또 중요합니다.

Q 직원을 선발할 때 중요하게 보는 부분은 무엇인지요?

A 인성을 주로 봅니다. 조직원들과 잘 어울려 지낼 수 있는 사람이 회사에 필요한 사람이라고 생각합니다. 직원을 뽑을 때 독특한 질문을 많이 하는 편입니다. 최근에 했던 질문은 '르네상스가 왜 베네치아에서 일어났을까?'입니다. 전자회사에 취업하려고 찾아왔는데, 이런 질문을 하면 대부분 당황하기 마련입니다. 하지만 저는 정확한 답을 듣기 위해서 이런 질문을 하는 게 아닙니다. 그보다는 그런 질문을 받았을 때 어떻게 대처하는지 유심히 봅니다. 당황하면 사람의 본성이 드러나게 되어있습니다.

면접이 끝난 뒤에는 결과와 상관없이 답과 제 생각을 말해줍니다. 다른 곳에서 면접을 볼 때 도움이 될 수 있기 때문입니다. 그리고 인문학 서적을 많이 보라고 얘기합니다.

Q 밀레코리아 지사장을 11년이나 하셨는데 자신만의 철학이 있다면 무엇입니까?

A 밀레는 꾸준한 회사입니다. 특별한 변화는 없지만 그렇다고 딱히 나쁠 일도 없습니다. 역사 깊은 명가의 특징이 아닐까 싶습니다. 밀레코리아도 조직의 영속성을 만들기 위해 기본에 충실하게 업무를 진행했습니다. 밀레 본사처럼 밀레코리아도 100년 이상 갈 수 있는 기업이 되도록 노력했습니다.

Q 외국에서 오래 근무하면서 느낀 점도 있을 것 같습니다.

A 쌍용에 근무하면서 최연소 해외 지사장으로 발령을 받았습니다. 젊었고 기세도 등등했었습니다. 하지만 사업은 잘 안 되고, 아내는 아이를 낳기 위해 한국으로 돌아가면서 안팎으로 고민이 많았습니다. 그때 나를 되돌아보게 됐습니다. 그리고 반성을 많이 했습니다. '세상은 혼자 사는 게 아니로구나.' 하는 생각이 들면서 주위를 돌아보게 됐습니다.

10년 넘게 해외 생활을 하면서 느낀 게 있습니다. 무엇이든 알아야 일을 할 수 있고, 지피지기면 백전백승이라는 것입니다. 적을 알아야 합니다. 1982년에 쿠웨이트에 지사장으로 갔는데 중동전이 발발해서 업무를 할 수가 없었습니다. 본사 입장에서는 주재원 1명을 유지하는 데 들어가는 비용이 국내 중역 수준입니다. 당시 현지에서 지사를 유지하는 데 돈을 많이 썼는데 실적이 나오지 않아서 너무 답답했습니다. '이 지역과 해당 분야에 대해 책도 많이 읽고 더 공부해야 했었는데' 싶은 생각이 들었습니다. 그런 생각으로 직원들에게도 책을 많이 읽으라고 권해주고 있습니다. 젊을수록 충동적으로 결정하고 행동하는 경우가 많습니다. 요즘에는 인터넷에서 구한 인스턴트 지식에 의존하는 경우도 많은데, 이 부분은 무척 아섭습니다. 인스턴트 지식에만 의존하다 보면, 정작 중요한 부분을 놓치는 경우가 많습니다. 깊고 넓게 생각하기 위해서는 경험을 많이 쌓아야 합니다. 그 중심에 책이 있다고 생각합니다.

Q 다양한 매체 중에서도 책이 중요하다고 보는 이유는 무엇인가요?

A 책은 본인의 시각으로 생각하고 상상할 수 있게 만들어 주기 때문입니다. 영화나 텔레비전 프로그램과 달리 책은 시간을 가지고 내용에 자기 생각을 더할 수 있습니다. 하버드에서 입학생들에게 고전을 읽으라고 하는 것도 그런 이유라고 생각합니다. 수박 겉핥기식이라도 좋으니 자기가 시간을 내서 읽어야 합니다. 인터넷으로 요약본을 보는 건 남이 하는 것을 참고하는 정도밖에 되지 않습니다. 책을 읽으며 깊이 생각한 사람과 그렇지 않은 사람은 토론을 해보면 승패가 납니다. 어떤 상황이라도 본인이 중심이 되어서 생각하고 고민해 봐야 합니다.

직장생활과 별개로 어떤 일을 하기 위해서는 자기 상상력이 있어야 합니다. 거기에 자신이 그림을 그릴 수 있어야 합니다. 머릿속으로 상상을 해가는 것이 자신의 꿈을 이루는 과정입니다. 자신의 그림이 없으면 언제나 남을 따라갈 수밖에 없습니다. 본인이 보고 이해를 해야 합니다.

Q 직장인들에게 추천할만한 책은 무엇입니까?

A 책은 만화책이든 무협지든 가리지 않고 읽습니다. 출장 갈 때는 전자책 단말기에 책을 400권 정도 넣어둡니다. 애거사 크리스티, 코난 도일이 쓴 추리소설도 있고, 고전도 있고 다양합니다. 제가 읽은 책 중에 『티베트 사자의 서』라는 불교 서적이 있는데, 인생을 돌아보게 하는 책이었습니다. 최근에는 양보다 질이라는 생각으로 고전을 많이 읽습니다.

Q 역사나 문화에 관심이 많으신 것 같습니다.

A 문화와 세계사 등에 관심이 많습니다. 아쉽게도 국내 정규교육은 국내사와 세계사를 잘 연결시키지 못하는 것 같습니다. 대부분 국사와 세계사에 대해서 잘 알고 있음에도 불구하고 그 둘을 연결하지 못합니다. 조선 시대 왕조는 알고 있으면서 정작 그 시대에 세계는 어떤 상황인지 모르는 것입니다. 통섭이 중요한 화두로 떠오르고 있는 상황에서 이 같은 부분은 고쳐져야 한다고 생각합니다. 비즈니스 세계에서 이런 부분은 매우 중요합니다.

역사를 알면 배울 점이 많습니다. 로마 멸망기에 사도 바울이 '로마에 청백룡이 나타나면서 로마가 멸망한다'고 말하는데, 청백룡은 핼리혜성을 뜻합니다. 핼리혜성이 나타나면 기후가 변하기 때문에 로마가 멸망한다고 말한 것입니다. 반면 몽골족은 핼리혜성을 '천랑성'이라고 부르면서, 천랑성은 전쟁에서 이기게 해주기 때문에 무조건 전쟁을 해야 한다고 생각했습니다. 핼리혜성이 나타나면 기후가 변화하기 때문에 유목민인 몽골족은 매우 어려운 상황입니다. 이때 지도자는 전쟁을 해서 살길을 찾아야 한다고 생각해 '천랑성이 나타날 때는 전쟁에서 이긴다'라고 얘기한 것입니다. 이처럼 선지자의 역할은 같은 상황에서도 전혀 다른 결과를 만들어 낼 수 있습니다. 어떤 사람은 핼리혜성을 수호성이라고 보고, 어떤 사람은 저주의 별로 보는 것입니다. 역경을 그대로 받아들이는 사람도 있지만, 역경을 순경으로 바꾸는 사람도 있습니다.

Q 직장인을 그만두고 창업을 해봐야겠다고 생각한 적은 없었습니까?

A 제안은 많이 받았습니다. 하지만 저는 사업보다 조직에 더 어울리는 타입이라고 생각합니다. 당시 선택에 따라서 어떻게 됐을지는 모르겠지만, 아마 실패할 확률이 높았을 것 같습니다. 지사장에 나갔을 때 현지 사업가들이 한국에 들어가지 말고 남아서 사업을 계속하자고 했는데 내 생각에는 쌍용이라는 후광을 보고 나에게 그런 제의를 한 것 같습니다. 실제 능력은 40% 정도인데, 뒤에 대기업이 있으니 100%로 본 것이 아닐까요? 결과적으로 선택을 잘한 것 같습니다.

Q 직장인이라면 한 번쯤 하는 고민입니다. 한 분야의 전문가가 되는 것이 좋을까요, 여러 방면을 두루 경험하는 것이 좋을까요?

A 기본을 알아야 전공을 택할 수 있다고 생각합니다. 자신이 여러 가지를 해보지 않고서는 알 수 있는 것이 적습니다. 수렴과 확산이 반복되다가 자신이 좋아하는 일이 정해진다고 봅니다. 최고경영자는 최고로 관리할 수 있는 사람이어야 합니다. 하나만 해서는 잘 될 수가 없습니다. 군대로 치면 3군을 알아야 통합사령관을 할 수 있는 것입니다. 가능하면 젊

을 때 다양하게 해봐야 합니다. 다들 기획과 마케팅만 하려는 경향이 있는데 회사를 나무로 치면 기획은 꽃입니다. 하지만 나무는 뿌리와 줄기 없이 꽃을 피울 수 없습니다. 다양한 경험을 해보고 전문가가 되는 것이 좋을 것 같습니다.

Q 말단 직원부터 시작해 외국계 회사의 지사장까지 오르신 경험을 바탕으로 사회초년생에게 조언을 부탁드립니다.

A 처한 상황에 따라 차이가 있을 것 같습니다. 하지만 결정할 때 성급하지 않았으면 합니다. 독일 밀레에서도 20년 이상 다녀야 밀레 식구라고 생각합니다. 밀레는 25년을 다녀야 근속상으로 자체 제작한 시계를 주는데, 이 정도 다녀야 회사에 다녔다고 얘기를 할 수 있기 때문입니다. 상으로 주는 시계의 가치는 15유로 정도지만, 직원들 사이에서는 시계를 받았는지가 사내에서 어떤 일을 결정하는 데 중요하게 작용합니다.

하지만 우리나라에서는 회사에 입사해서 6개월도 지나지 않아 자신의 분야에 대해서 다 안다고 생각하는 것 같습니다. 일단 본인이 해당 회사에서 열심히 근무하겠다고 입사했다면 시간을 좀 느긋하게 갖고 생각하는 것이 필요합니다. 무슨 일이든 지나봐야 하는 경우가 많습니다. 직장생활은 컴퓨터 게임이 아닙니다. 잘 안 된다고, 마음에 안 든다고 바로 바꿀 수 있는 것이 아닙니다. 최근 사회초년생들이 이직을 쉽게 하는 것은 좋게 말하면 자신감이라고 볼 수 있지만, 나쁘게 보면 경솔한 행동입니다. 후회하는 경우도 많이 봤습니다.

취업했다면 연봉에 연연하지 않고 꾸준히 잘해줬으면 합니다. 인생은

나는 스타트업 대신 회사를 선택했다

길어서 한순간의 일만으로 판단하기 어렵습니다. 취업할 때는 자신의 진로, 적성과 여러 가지 주변 상황을 고려해서 선택해야 하는데 연봉이나 혜택만을 바라고 입사하는 사람이 많은 것 같습니다. 물론 월급은 누구나 많이 받으면 좋습니다. 하지만 처음에는 급여가 낮아도 더 좋은 기회를 얻어 진급을 빨리하면 급여가 높아질 수 있습니다. 남하고 똑같은 기준으로 생각할 필요는 없습니다.

연봉 3,000만 원 회사와 3,500만 원 회사가 있으면 누구나 3,500만 원 회사에 가려고 합니다. 하지만 3,000만 원 회사에 가서 빨리 진급하면 더 빠르게 성장할 수 있습니다. 그러므로 해당 회사에서 자신이 어떤 일을 할 수 있고 얼마나 성장 가능성이 있는지를 내다보는 것이 좋습니다. 대기업에서 맨 뒤에 있는 것보다 중소기업에서 다양한 경험을 쌓는 것도 좋은 선택입니다.

우리 회사도 나쁜 짓만 안 하면 60살까지 다닐 수 있습니다. 나이나 남녀차별도 없습니다. 화려하게 가면 그만큼 고달픕니다. 화려하면서도 지속해서 승승장구하기는 쉽지 않습니다. 그러므로 사회초년생들은 참을성을 가지고 넓은 시야를 가져야 합니다.

Q 하지만 다양한 기회가 있는데, 자신의 선택을 확신할 수 없는 상황도 많습니다.

A 물론 회사나 업종마다 상황은 다를 수 있습니다. 하지만 기본기에 충실하면, 장기적으로 더 좋은 기회가 찾아온다고 생각합니다. 제 아들도 회사에 들어가면서 영업이나 기획팀으로 가고 싶다고 했습니다. 그래서 저는 기본을 쌓을 수 있는 재무회계 쪽으로 가라고 했습니다. 직장생활에

있어서 숫자는 매우 중요한 부분입니다. 재무제표를 읽을 줄 알아야 나중에 M&A를 하든지, 주식투자를 할 수도 있지요. 회사의 기본적인 사항을 분석할 수 없는데, 기획이나 다른 부분을 먼저 하는 것은 업무를 반밖에 모르는 것이라고 할 수 있습니다.

Q 대학생 시절로 돌아간다면 무엇을 해보고 싶으신가요?

A 해외여행을 더 해보고 싶습니다. 돈과 시간이 부족하겠지만 어떻게 든 기회를 만들어서 좀 더 젊을 때 많은 곳을 여행하고 직접 체험하면 좋을 것 같습니다. 그리고 단순히 여행을 하기보다 그 나라의 문화와 역사적 배경에 관해서 공부를 많이 하고 갈 것 같습니다. 『나의 문화답사기』를 쓴 유홍준 씨가 '아는 만큼 보이고, 보이는 만큼 이해한다'라는 말을 했는데, 정답인 것 같습니다. 같은 모나리자를 보더라도 누군가는 미술책에서 봤던 모나리자를 볼 뿐이고, 누군가는 그림을 그린 기법이나 당시 작가의 상황에 대해 생각하면서 전혀 다른 이미지를 만들어냅니다. 어떤 배경지식을 가졌는지에 따라서 자신의 눈으로 볼 수도 있고 남의 눈을 통해서 볼 수도 있습니다.

책도 더 많이 읽을 것 같습니다. 누구나 불확실한 것에 대해서 불안해 하지만 정작 그 시야를 넓히려고 노력하는 사람은 많지 않습니다. 책을 많이 읽은 사람은 적어도 자기 나름대로 만족하는 삶을 살 수 있다고 생각합니다. 아마도 인생의 기준점이 명확하기 때문이 아닐까 싶습니다. 멍하니 텔레비전만 쳐다보며 산 사람은 인생의 기준점을 찾지 못하고 남의 얘기만 하다가 세월을 흘려보낼 수 있습니다.

나는 스타트업 대신 회사를 선택했다

한 살이라도 어릴 때 다양한 경험을 해봐야 합니다. 여러 가지 일들을 해보면서 힘든 과정을 체험하면 많은 도움이 됩니다. 직접 체험하지 않으면 모르는 것들이 많습니다. 경험을 통해 피상적으로 아는 것이 아니라 인생의 다양한 부분에 대해 체득해야 합니다. 자신이 겪어보지 않은 분야는 생각도 상상도 하기 어렵습니다. 경험을 쌓으며 통찰력을 키워나가면 경험해보지 않은 분야도 어느 정도 짐작할 수 있습니다. 세상은 넓고 공부하고 경험해볼 것들은 끝없이 많습니다.

Q 앞으로 어떤 계획을 가지고 계십니까?

A 아직 구체적으로 정해지지 않았습니다. 역사와 문화에 관심이 많으니 박물관 가이드 같은 일을 하면 좋을 것 같습니다. 박물관 대학에서 전문적으로 공부해서 외국인들에게 우리나라 문화를 설명해주고 싶습니다.

04

함께 같은 목표를 향해 나아간다

•

정해근

정해근 전 한화투자증권 부사장

정해근 전 한화투자증권 부사장은 산업은행과 대우증권, 동부증권, 한화투자증권을 거친 증권맨이다. 대학 졸업 이후 금융과 증권을 두루 거친 그가 직장인들에게 던지는 화두는 '도전'이다. 그는 자신이 잘 모르거나 미래가 불확실한 분야라도 관심이 있고 의지가 있다면 과감히 도전하라고 말한다. 어떤 분야든 도전해보고 싶은 생각이 있다면 과감하게 위험을 받아들일 수 있어야 한다는 것이 그의 조언이다.

그는 회사의 모든 조직원이 각각의 위치와 상황에 맞는 목적을 설정하고 그것을 한 단계씩 높여나갈 때, 개인과 조직 모두의 발전을 기대할 수 있다고 설명한다. 많은 직장인이 현재의 회사에서 경력을 쌓아 좋은 회사로 옮기겠다는 생각을 하는데, 그보다는 현재 몸담은 조직이 크게 성장하도록 최선을 다하는 것이 바람직하다는 의견도 제시했다. 더불어 직장의 의미가 예전과 많이 달라졌지만, 여전히 하루 대부분을 함께 보내는 동료들에 대한 의리와 애정이 있어야 한다는 점도 강조했다.

그는 직장인들이 뚜렷한 목적의식과 소명의식을 가져야 한다고 말한

다. 목적의식이 없으면 자신에게 맞는 직장을 찾지 못한 채 업계를 넘나들며 이직을 거듭하게 될 수 있으니, 조직이 꿈꾸는 가치와 비전이 자신의 그것과 잘 맞는지 심사숙고해서 입사를 결정해야 한다고 조언했다.

그는 조직에 속한 직장인이라면 어려움을 겪는 것은 당연하며, 문제는 결국 해결되기 때문에 스트레스를 받지 말고 차근차근 풀어나가야 한다고 말했다. 어떤 어려움이라도 쌓이면 임계점에 도달하고, 그 이상이 되면 어떻게든 해결책이 나오게 되어있으니 쓰러지지 말고 다양한 관점에서 해답을 찾아야 한다고 조언했다. 또 대부분의 문제는 개인이 해결하기보다는 조직과 사람, 환경의 복잡적인 문제이기 때문에 단번에 해결하는 것이 아니라 지속적인 노력을 통해 문제 해결의 접점을 찾아나가는 것이 중요하다고 말했다.

Q 간단한 약력을 소개해 주십시오.

A 대학 졸업 후 산업은행에 입사해서 19년을 보냈습니다. 딜링룸 투자파트, 국제파트에서 주로 근무했고 파생상품 쪽에도 많이 관여했습니다. 제가 졸업할 당시에는 대학을 나오면 취업이 잘 되던 때라 대학 동기들은 대기업과 정부부처 쪽으로 많이 진출했습니다. 하지만 저는 공무원 쪽에는 관심이 별로 없었습니다. 금융권을 택할 때는 생각이 조금 많았는데, 일단 금융권에서 경험을 쌓은 뒤에, 나중에 기업으로 가서 그 경험을 활용하겠다는 생각을 하고 있었습니다.

Q 진로 결정을 신중하게 하신 셈이로군요.

A 그렇긴 합니다만, 입사 때만 해도 은행이 무슨 일을 하는 곳인지 제대로 알지 못했습니다. 고객들의 저축이나 대출 관련 업무가 은행 업무의 대부분인 줄로만 알았습니다. 그런데 신입사원 연수를 받으면서 저축이나 대출 같은 눈에 보이는 일뿐만 아니라 무척 복잡하고 어려운 일들이 많다는 것을 알게 됐습니다.

입사 후 여러 가지 일을 배우면서 관리부와 기술부 업무까지는 어느 정도 파악을 했는데, 그때까지도 국제부에서 무슨 일을 하는지는 여전히 잘 모르겠더군요. 신용장과 해외증권 관련 업무를 한다고 듣긴 했는데 감이 잘 안 왔습니다. 그래서 '국제부에 들어가서 일을 배워야겠다.'는 생각이 들더군요. 결국 국제부로 배치받아 일을 하게 되었고, 국제무역에 필요한 여러 금융 업무들을 경험할 수 있었습니다. 재미도 있었고 무역에 관한 지식을 쌓을 수 있어서 좋았습니다.

나는 스타트업 대신 회사를 선택했다

신입사원들에게 가끔 이런 얘기를 하는데, 인생에서 선택의 갈림길에 섰을 때는 과감하게 위험을 받아들일 수 있어야 합니다. 선택의 기로에 선 사람들은 대부분 자신이 잘 알고 잘 하는 분야를 선택합니다. 하지만 전 반대였지요. 어렵고 잘 모르는 분야였기 때문에 경험해보고 싶다는 생각이 강했습니다. 그래서 국제부 업무를 선택했습니다. 자신이 현재 선택할 수 있는 분야 중에서 가장 잘 모르는 분야를 확인하고, 그 분야를 아는 것이 중요하다고 판단되면 한번 부딪쳐보는 것이 좋습니다. 그러지 않으면 평생 자기가 아는 것, 익숙한 일만 해야 하기 때문입니다.

Q 국제부에 계실 때 얘기를 좀 더 듣고 싶습니다.

A 국제부의 업무 중 하나는 기업들의 환차손 문제에 관한 것이었습니다. 당시 독일 마르크화가 강세를 보인 적이 있었는데, 때마침 독일의 자동차회사 오펠의 설비공정을 대우자동차에서 수입하게 됐습니다. 이 계약으로 만들게 되는 차가 '르망'이었습니다. 1986년부터 생산라인이 들어오기 시작했는데 당시 지급 대금이 모두 1억 마르크 정도였습니다. 우리 돈으로 300억 정도면 대금을 지급할 수 있을 줄 알았던 겁니다. 그런데 갑작스러운 환율변동으로 원화가치가 50%나 절하되자, 처음 예상했던 300억 원이 450억 원으로 껑충 뛴 겁니다. 이와 비슷한 문제 때문에 공장설비를 가동하기도 전에 예산이 초과하는 일이 비일비재했습니다.

어떻게 하면 환차손 문제를 해결할 수 있을지 고민하다가 선물환 거래를 이용하면 환차손을 줄일 수 있겠다는 생각이 들더군요. 그래서 딜링룸으로 자리를 옮기고 선물환을 본격적으로 공부하기 시작했습니다. 하나씩 모르는 분야를 깨우쳐가면서 당시 불모지와 같았던 선물환 관련 지식을 얻게 됐습니다. 이후 이를 응용해서 기업들이 환차손 위험을 많이 줄일 수 있도록 도움을 주었습니다.

Q 이후에는 어떻게 진행되었습니까?

A 한국은행에서 외환보유고 은행을 다양화하겠다면서 산업은행에 20억 달러 정도를 배분했습니다. 이 돈으로 외화채권을 운영했는데, 변동 금리 체제였기 때문에 운영하기가 쉽지 않습니다. 이 문제를 해결하기 위해 달러 금리 스와프를 하기도 했습니다. 달러 금리 스와프는 외국계를 대상으로 했는데 고생만 하고 남는 게 별로 없었습니다. 그래서 달러 금리 스와프를 좀 더 잘해보려고 혼자서 연구를 많이 했습니다. 지금은 아무것도 아닌 작업이지만, 당시에는 혼자 모델 시뮬레이션을 해보며 20억 달러를 운영하는 틀을 만들었습니다. 채권, 금리, 유로, 달러 선물 등을 이용해 금리 리스크를 줄였습니다.

이 작업을 하다 보니 은행뿐만 아니라 고객들에게도 선물을 판매할 수 있겠다는 생각이 들었습니다. 이것이 대고객 금융선물거래입니다. 제가 선물환과 스와프까지 하겠다고 나서자 회사에서 따로 자리를 만들어주었습니다. 선물환과 스와프를 같이 한 건 한국계 은행 중에서 최초였고 외국계 은행들도 국내에서는 둘을 동시에 운영하지 않았습니다. 이후 1990년까지 국내에서 파생금융 분야를 독식할 수 있었고, 외국계 은행 중 일부가 우리와 경쟁을 했습니다.

1993년에는 국내 고속철도 도입 프로젝트를 진행했습니다. 프랑스의

나는 스타트업 대신 회사를 선택했다

'테제베' 모델을 도입하는 일이었는데, 당시 테제베 1대 값이 10억 달러 정도였습니다. 엄청난 금액이었지요. 이 금액을 프랑으로 지급했는데, 모두 70억 프랑 정도 된 것 같습니다. 우리나라 고속철도 공단은 달러를 차입했기 때문에 부채가 달러였는데, 지급은 프랑스 화폐인 프랑으로 해야 했습니다. 이럴 경우, 나중에 프랑의 가치가 올라가게 되면 돈이 부족해지는 상황이 발생하게 됩니다. 그래서 정부가 환율위험을 줄여줄 외국계 은행을 찾고 있다는 소문이 제 귀에까지 들어왔습니다. 그 소식을 듣고 고속철도는 국책사업이니 외국계 은행이 아닌 국내은행이 해야 한다는 생각이 들었습니다. 그래서 우리도 재경부를 통해 입찰을 했습니다.

Q 우연한 기회가 큰 기회로 연결될 수 있는 순간이었군요.

A 그렇습니다. 고속철도 프로젝트는 만기상환이 10년에 달하기 때문에 기간도 길고 사업규모도 컸습니다. 당시 대리였던 저는 담당 이사와 함께 총재에게 직접 가서 이 프로젝트를 꼭 해야 한다고 말했습니다. 우리가 계산한 결과, 외국계 은행은 현재가치 개념으로 40% 정도의 수수료를 요구했습니다. 하지만 우리가 하면 그 절반으로도 충분히 가능하다고 확신했습니다. 컴퓨터 1대와 직원 둘만 붙여 달라고 요청해서 프로젝트에 뛰어들었습니다. 그렇게 팀을 꾸리고 나서 한 달 반 정도 야근하면서 제안서를 만들었습니다.

우리는 사업개요, 가격, 계약서, 헷지방법, 관리방법 등을 살펴보고 적정 범위 내에서 이익이 생기도록 확률을 짜냈습니다. 차량이 늦게 오면 대금을 늦게 주고 성능이 안 나오면 나중에 지급하는 등 여러 가지 방안에 대해서 생각했고, 이 모든 문제를 고려해서 변수를 통제할 수 있도록 제안서를 만들었습니다. 당시 그 프로젝트의 감리를 미국의 벡텔에서 진행했는데, 씨티은행 등 외국계 업체 3곳과 외환은행이 참가했습니다.

처음에는 어려울 것 같았는데 막상 제안서를 내고 나니 경쟁 외국계 은행에서 함께 일을 하자고 제의해왔습니다. 하지만 외국계 금융권들은 우리에게 터무니없는 수수료를 요구했습니다. 제안서 감리는 벡텔이 하다가 나중에 다른 외국계 업체가 진행했는데, 예상과 달리 뱅커스트러스트의 손을 들어줬습니다. 결과를 인정할 수 없어서 재경부로 가서 제안서 복사본을 받아 살펴봤습니다. 그랬더니 우리는 제안서에 모든 가능성을 포함한 전체 가격을 제시했지만, 뱅커스트러스트는 기본과 옵션 가격을 따로 책정해서 우리보다 좋은 결과를 얻어냈더군요. 이건 문제가 있다는 생각이 들었고, 소송하겠다고 따졌습니다. 하지만 재경부에서는 이미 발표를 해버렸으니 뱅커스트러스트와 합의를 하라고 요구하더군요. 이 일을 겪으면서 일에 회의가 들었습니다. 열심히 일하는 것만큼은 자신이 있었는데, 업무 이외의 이해관계가 결과에 중요한 영향을 끼친다는 것을 피부로 느꼈기 때문입니다. 그래서 그 탈출구로 대학에서 박사과정을 공부하기 시작했습니다.

Q 회사를 그만두고 박사과정을 시작하신 건가요?

A 일과 학업을 병행했습니다. 박사과정을 하면서도 회사에 많은 돈을 벌어줬기 때문에 큰 문제는 없었습니다. 오히려 외국 금융업체에서 스카우트 제의도 많이 왔습니다. 지금 다니는 직장보다 연봉이나 보너스를 월

등히 많이 주겠다는 제의였는데, 외국계 금융사들의 행태를 알고 있었기 때문에 이직하지 않았습니다. 부당하다는 걸 알면서 돈을 많이 준다는 이유로 일할 수는 없었습니다.

생각은 그랬지만 현실적인 문제도 있었기 때문에 마음이 답답했습니다. 은행에서 나오는 봉급은 뻔한데 아이들이 5명이나 되었기 때문에 가장 노릇을 제대로 하기가 어려웠습니다. 업무와 학업을 병행하다 보니, 논문을 쓸 시간도 부족했습니다.

이런 고민을 하고 있을 때, 금융연수원에서 교수로 오라는 제의를 받았습니다. 당시 제 직급이 대리에 불과했으니 무척 파격적인 제의였습니다. 하지만 산업은행과 금융연수원을 담당하는 한국은행이 밀접한 관계에 있었기 때문에 이직할 수 없었습니다. 당시 산업은행 총재께서 한국은행 부총재에게 전화를 걸어 제가 가지 못하게 했을 정도였으니까요.

그래서 다시 고민에 빠졌습니다. 그렇게 고민을 하던 중에 마침 조흥은행에서 파생거래 업무를 취급한다며 이직할 생각이 없느냐고 물어왔습니다. 조흥은행은 외국계 기업도 아니고, 업무를 하면서 논문도 쓸 수 있다는 생각에 이직을 결심했습니다. 대신 당시 제 월급이 동종 업계에 비해 낮은 편이었기 때문에 연봉을 그 수준에 맞춰 올려주고, 파생거래를 할 수 있는 팀을 만들 수 있도록 3명을 더 붙여달라고 요청했습니다. 당시 제 요구는 외국계 금융사에 비하면 낮은 수준이었기 때문에 당연히 받아들여질 것으로 생각했습니다. 하지만 조흥은행 측에서 제 제의에 대해 부정적인 태도를 취했습니다. 파생상품으로 높은 가치를 제시해 줄 수 있다고 자신했지만, 조흥은행에서는 기존 인원들의 반발 등을 우려해서 제 제의를 받아들이지 않았습니다. 그런 과정을 겪으면서 우리나라 금융권의 현실에 대해 다시 돌아보게 됐습니다.

Q 직장인으로서 회의가 들었을 것 같습니다.

A 이직에 대해 많은 생각을 했습니다. 테제베와 파생상품 건 등의 일을 겪으면서 앞으로 어떻게 살아야 할지 고민이 되더군요. 당시 저와 경쟁했던 외국계 금융사의 직원들은 저를 싫어했습니다. 보너스도 받지 않으면서 자신들의 일을 줄이니 얼마나 미웠겠습니까?

외국계 금융사에서는 성과만큼 보너스를 지급하기 때문에, 그렇게 일하는 사람들을 보면서 '만약 내가 회사에 벌어다 준 돈의 1%만 보너스로 받았어도 이런 고민을 안 했을 텐데.' 하고 생각했습니다. 그러던 중 회사에서 해외지사로 가서 일을 해보면 어떻겠냐는 제의를 했습니다. 이직과 해외근무를 고민한 끝에 해외근무를 선택했습니다. 처음에는 호주의 시드니로 가고 싶었는데 런던으로 발령이 났습니다. 선택에 대한 고민이 많았지만, 해외근무를 통해 많은 경험을 할 수 있었습니다.

Q 해외근무가 탈출구가 됐던 거로군요. 어려움도 있었을 텐데요.

A 해외에 가기 전에는 걱정이 많았는데, 막상 가족을 데리고 영국에 가보니 그런대로 괜찮았습니다. 업무도 재미있었습니다. 제가 런던에서 한 일은 파생팀을 만들고 파생 관련 시스템도 만드는 것이었습니다. 일하면서 틈틈이 액셀로 스와프나 CRS 선물을 아우르는 소프트웨어를 만들어 사용했습니다. 당시 제가 만든 프로그램을 다른 직원이 C언어 버전으

나는 스타트업 대신 회사를 선택했다

로 만들었는데, 이후 후배들에게 많은 도움이 되었습니다. 당시 영국에서는 제가 만들었던 프로그램과 비슷한 파생상품 시스템을 비싸게 판매하고 있었는데, 이를 사서 확인해보니 제가 개발한 것과 원리가 비슷했습니다. 어찌됐든 제가 만든 프로그램을 시작으로 우리나라 파생상품 이론과 실무가 시작됐다고 볼 수 있습니다. 그렇게 영국에서 근무하고 있었는데, 1998년에 회사에서 다시 한국으로 불러들이더군요. 이유는 IMF 실무협상단으로 파견을 나가야 했기 때문입니다. 그때 재경부 직원들과 함께 뉴욕으로 가서 한 달 가까이 협상을 하고 돌아왔습니다.

Q 국내 금융 역사상 가장 중요한 순간의 중심에 계셨군요.

A 당시 환율이 급등하면서 많은 기업이 어려움을 겪었습니다. 우리는 국내 금융기관들의 외화채무를 분석하고 성적표를 짜서 어떻게 하는 게 유리할지 밤새 분석했습니다. 여러 가지 안을 만들고, 금리는 어떻게 해야 할지 등을 계획하며 우리나라 기업들이 외국계가 쓰는 트릭에 걸리지 않게 하려고 많은 고민을 했습니다.

뉴욕에서 돌아온 뒤에 업체들의 구조조정이 시작됐는데, 저는 부실자산에 대한 현금흐름을 확률적으로 분석해서 경영상황이 건전해지도록 했습니다. 당시 산업은행에서 이 업무를 많이 맡았는데, 부실기업들의 문제를 분석하고 해결책을 내놓는 일을 했습니다. 그 일을 맡으면서 2002년에 최연소 실장이 되었고, 다시 3급 실장을 거치며 승진을 거듭했습니다.

그런데 문제가 생겼습니다. 외환위기를 겪으면서 회사 분위기가 많이 바뀌더니 외국계 금융사로 이직하는 후배직원들이 점점 늘어갔습니다.

이대로 둬서는 안 된다는 생각이 들어서 파생이나 딜링을 하는 직원들을 대상으로 보너스를 지급해야 한다고 회사에 목소리를 높였습니다. 외국계 금융권에서 같은 업무를 하면 많은 보너스를 받을 직원들을 묶어두기 위해 최소한의 보상을 해야 한다고 생각했습니다. 연간 20억 원만 보너스로 책정해 놓으면 대한민국 최고의 딜링룸을 만들 수 있다고 확신했습니다. 산업은행과 기업은행을 대상으로 그 일을 진행하려고 했더니 인사부와 노조에서 다른 직원들과 형평성 문제가 생긴다며 보너스 지급에 반대하더군요. 결국, 보너스 지급은 무산됐고 파생 관련 시장은 외국계 금융권이 차지하는 안타까운 일이 발생했습니다. 다행인 건 나중에 기업은행에서 보너스 관련 정책이 시작되었고 지금까지 계속 유지되고 있다는 점입니다.

Q 그 일을 겪으면서 어떤 생각을 하셨습니까?

A 회사라는 거대한 유기체 속에서 개인의 힘으로 이겨낼 수 없는 일을 겪으면서 많은 좌절을 했습니다. 후배들에게 비전을 심어주며 이끌고 싶었는데, 단순히 열심히 일하는 것으로는 어렵다는 생각을 하게 됐습니다. 은행 내부에서 나이 어린 저를 견제하기도 해서 '다시 해외로 가야겠다.'고 생각했습니다.

회사에 미국 뉴욕지점으로 보내 달라고 요청했습니다. 그렇게 뉴욕으로 갈 줄 알았는데, 일이 꼬이면서 뉴욕이 아니라 다시 런던으로 가게 됐습니다. 인생은 예측 불가의 연속인 것 같습니다.

제가 자리를 비운 동안 런던 지점은 이전과 많이 달라져 있었습니다.

수익도 떨어져 있었고 직원들의 사기도 낮은 상태였습니다. 이대로는 안 되겠다 싶어서 곧바로 조직 재정비를 시작했습니다. 이후 4개월 만에 다시 흑자로 전환되었고 저 없이도 지점이 잘 운영될 수 있는 구조로 만들었습니다.

업무상 큰 문제는 없었지만 저는 다시 지쳐갔습니다. 돈 버는 것도 싫고, 일에 대해 회의가 느껴졌습니다. 그러던 중 대우증권(현 미래에셋대우)에서 같이 일해보자는 제의가 왔습니다. 예전에 업체를 돌아다니며 특강을 한 적이 있는데, 마침 대우증권 사장님께서 그 특강을 듣고 제게 손을 내미신 겁니다.

나중에 왜 제게 제의를 하셨냐고 여쭤봤더니, 제가 특강에서 "회사가 강해지기 위해서는 변화에 도전해야 하고, 유능한 직원을 유능하게 대우해야 한다. 직원을 지키지 못하면 회사가 무너지고, 특히 금융은 사람이 생명이기 때문에 좋은 인력을 확보하는 데 주력해야 한다."고 말한 부분에 공감했기 때문이라고 하시더군요.

Q 이직 제의를 받고 어떤 결정을 내렸습니까?

A 이직을 위해 필요한 여러 조건을 제시했는데, 모두 들어주겠다고 하셨습니다. 좋은 기회라는 생각이 들었습니다. 하지만 오랫동안 몸담았던 산업은행을 떠나려니 마음이 편치 않았습니다. 고민 끝에, '대우증권은 산업은행의 자회사고, 산업은행은 성장할 만큼 성장했으니 이제 제2금융권에서 새로운 도전을 해봐야겠다.'라고 결정을 내렸습니다. 그렇게 결정을 내린 뒤에 선배들을 설득해 이직하게 됐습니다.

하지만 출근 첫날부터 예상치 못했던 문화적 충격을 느끼게 됐습니다. 산업은행 직원들은 외부에서 보면 은행원이지만 사실상 공무원이라는 생각이 강해서 회사와 전체를 생각하는 경향이 강했습니다. 하지만 대우증권은 자기 부서, 자기 자신이 중요한 곳이었습니다. 일반 금융권이나 회사에서는 당연한 일이지만, 오랫동안 산업은행에 있었던 탓에 제게는 무척 생소한 느낌이었습니다. 런던 지점으로 갔을 때보다도 더 다르게 느껴졌을 정도였습니다.

Q 이직 후에는 어떠셨습니까?

A 가장 큰 문제는 대우증권이 파생부문 국내 1위가 아니라는 사실을 직원들이 당연하게 생각하고 있다는 점이었습니다. 이 때문에 직원들의 사기가 많이 저하되어 있었습니다. 그래서 이 문제를 어떻게 풀어야 할지 고민을 많이 했습니다. '어떻게 해야 할 것인가? 내가 잘할 수 있고 해야 하는 일은 무엇인가? 그래, 내가 잘하는 건 성실과 끈기, 솔선수범이 아닌가? 직원들에게 미래에 대한 꿈을 심어주어야겠다.'라고 생각하고 행동에 옮겼습니다.

가장 먼저 직원들에게 비전을 제시했습니다. 대우증권을 아시아 최고의 파생하우스, 아시아 최고의 채권하우스 두 개의 축으로 만들겠다고 말했습니다. 하지만 직원들 사이에는 '이미 국내에는 산업은행이 있고, 대우증권에는 관련 인력이 7명밖에 없는데 어떻게 아시아 최고가 될 수 있겠는가?' 하는 생각이 팽배해 있었습니다.

하지만 저는 '국내에 파생상품은 대우증권밖에 없다.'라고 직원들이 생

나는 스타트업 대신 회사를 선택했다

각할 수 있게 만들겠다는 목표를 설정했습니다. 그런 뒤에는 매일 1시간씩 직원들을 모아놓고 제가 가진 지식을 털어놓았습니다. 모델, 헷지, 문서작업, 고객관리 등에 대해 체계적인 지식을 전달했고, 그렇게 1년, 2년이 지나면서 사람이 많아지고 돈이 벌리기 시작했습니다. 2009년에는 조직이 150명 이상으로 커졌고, 1개 부서였던 것이 본부로 변했으며, 수익 규모도 40억 원에서 500억 원으로 늘어났습니다. 저는 직원들이 자부심을 느낄 수 있도록 노력했고, 모든 증권사들이 대우증권 트레이딩룸을 벤치마킹 할 정도로 바꿔놨습니다.

Q   계획대로 일이 추진된 셈인데, 이후에는 어떻게 되었습니까?

A   다시 이직할 시기가 왔다고 생각했습니다. 산업은행 쪽에서 '이제 그쪽에서 할 만큼 했으니 다시 산은지주로 돌아와 달라'고 제의해왔습니다. 그밖에 다른 증권사로부터도 스카우트 제의를 받았습니다. 마음 같아서는 산은지주로 가고 싶었지만, 지주설립이 늦어지면서 다른 곳을 찾게 됐습니다.

경쟁사로부터의 제의도 있었지만 제가 성장시킨 대우증권 후배들과 경쟁을 피하고자 다른 업체를 찾게 됐고, 결국 동부증권으로 자리를 옮기게 됐습니다. 제가 대우증권으로 갈 때 '트레이딩 분야를 내 생각대로 바꿔보겠다.'라는 생각을 했고, 그것을 이루었으니 이제는 떠나도 될 것 같다는 생각이 들었습니다.

Q   다시 회사를 옮긴 이후에도 문화의 차이를 경험했습니까?

A 대우증권으로 옮기면서 느낀 바가 있었기 때문에, 큰 차이는 없을 줄 알았습니다. 하지만 이후에 옮긴 동부증권은 대우증권과 또 다른 문화가 있었습니다. 예를 들면, 대우증권에서는 임직원들이 외국계 금융권에 대한 콤플렉스가 있었는데, 동부증권은 대형증권사에 대한 콤플렉스가 있었습니다.

이번에도 직원들에게 먼저 해줘야 할 것은 자신감 회복이라는 생각이 들었습니다. '고객이 가진 금융문제를 해결하는 것이 우리의 기본 업무다.'라는 비전으로 한국 최고의 투자은행(IB하우스)을 만들겠다는 비전을 제시했습니다. 한국 최고의 IB하우스가 안 된다면 '미들 클래스 기업군 증권사 중에서 최고의 IB하우스를 만들어보자.'라고 확실한 비전을 내세웠습니다. 이와 함께 '동부증권은 동부그룹의 재무상태에 관한 적극적인 지원을 한다'라는 비전을 세우고 1년 이내에 이 문제를 해결해야 한다고 직원들에게 알렸습니다.

저는 우선 동부그룹 계열사의 재무계획을 검토했습니다. 계열사들의 재무 문제를 해결해주는 해결사 역할을 자처한 것입니다. 나중에 알게 된 일인데 그때까지 동부그룹 계열의 어느 회사도 동부증권으로부터 그런 제의를 받은 적이 없었다고 합니다. 하지만 저는 동부증권이 앞으로 변할 것이며 IB사업부가 그룹에 재무적인 솔루션을 제공할 것이라는 확신이 있었습니다.

이전까지는 계열사마다 각각 재무문제를 고민했지만, 동부증권이 중심이 되어 조직적으로 할 수 있게 만들었습니다.

나는 스타트업 대신 회사를 선택했다

Q 직원들에게 중요하게 생각하는 것은 무엇입니까?

A 직원들이 무엇을 준비하고 무엇을 해야 하는지를 명확히 하려고 했습니다. 한번은 직원들에게 이런 얘기를 했습니다. "세상을 사는 일에 대해 생각해보자. 왜 사는가? 자신의 꿈을 실현하기 위해 사는 것이다. 그러니 다들 자랑스러운 나에 대한 꿈을 꿔보자."라고 말했습니다. 무슨 일을 하든지 '나는 자랑스럽다. 내가 하는 일도 자랑스럽다. 나는 가족들에게 자랑스러운 사람이 되겠다.'라고 생각하도록 했습니다.

그리고 직원들에게 "단순히 월급을 받기 위해 회사에 다닐 것인가? 돈이 목표라면 훨씬 좋은 방법들이 많다. 그게 아니라 여러분이 하는 일, 인간관계, 그 일에 따라서 돈을 받는 기업들이 있다. 여러분의 한마디가 그 회사와 종업원들에게 엄청난 파급력을 미친다. 여러분이 직장을 선택한 것 아니냐? 선택했으니 가족들이 자랑스러워해야 할 것 아니냐? 전 세계 1위 기업이 아니라고 해서 자신감 없이 기죽어 지낼 필요는 없다. 만 명 중에서 꼴등인 사람도 그 나름의 가치가 있다. 꼴등이라도 자신감은 있어야 한다. 그런 자신감이 모이면 조직이 대단한 힘을 낼 수 있다."라고 자신감을 불어넣었습니다.

대부분의 직장인이 자신의 역량을 키워서 좋은 회사로 옮길 생각을 하며 많은 시간을 허비하는데, 그보다는 자신이 일하는 조직을 키워 좋은 조직을 만드는 것이 더 바람직하다고 생각합니다. 일하다 보면 언제나 1등을 할 수는 없습니다. 1등이 아니더라도 단계를 거치며 목표를 실현하는 기쁨이 있습니다. 그것이 바로 회사에 다니며 동료들과 나눠야 할 가치라고 생각합니다.

Q 기업문화를 바꾸는 것에 대해 내부저항이 만만치 않았을 것 같습니다.

A 증권회사에는 출근하지 않아도 수익만 내고 월급을 받는 직원들이 있습니다. 하지만 그런 방식은 돈 버는 일에만 의미를 찾게 합니다. 회사는 조직이고 같이 팀워크를 이루며 일을 해야 큰 효과를 발휘합니다. 그 사람의 역량과 조직의 성과가 회사의 성과로 반영되어야 하며, 정량평가와 함께 정성평가도 필요합니다. 그런 이유로 문화를 바꾸기 위해 많이 노력했습니다.

Q 직장에서 겪는 스트레스는 어떻게 해소하십니까?

A 혼자 걷거나 등산을 합니다. 고민이 생길 때마다 '이런 어려움을 주는 하느님의 뜻은 뭘까?' 하고 생각해 봅니다. 그 답은 대개 사색과 독서, 기도를 통해서 해결했습니다.

Q 직장인에게 일이란 어떤 의미를 갖는다고 생각하십니까?

A 일의 의미를 하나로 정의하기는 쉽지 않습니다. 저는 일이라는 것이 여러 가지의 부가가치라고 생각합니다. 일 그 자체로 도움을 주는 것입니다. 문제를 해결하고, 효율을 높이고, 누군가에게 도움을 주고, 세상에 공헌하는 것으로 생각합니다. 일하는 것 자체에서도 재미를 느낄 수 있습니다. 일하다 보면 벽에 부딪힐 때가 많은데, 그런 상황은 벽을 만난 물과 같다고 봅니다. 물이 벽을 만나면 고일 수밖에 없습니다. 하지만 점점 차오르다가 옆길을 찾거나 돌아가기 마련입니다.

'벽을 만나게 된 이유가 무엇인가? 이 벽을 해결하는 길은 여러 가지가 있을 것이다.'라고 생각하다 보면 문제가 해결됩니다. 모든 벽은 어떻게든 해답을 얻는 데 의미가 있는 것이지, 넘어지라고 있는 것이 아닙니다. 무엇이든 해결해나가야 합니다. 그런 면에서 일이라는 건 혼자가 아니라 같이 하는 것이라고 생각합니다.

일과 꿈이 분리되어도 안 된다고 생각합니다. 함께 일하는 사람은 항상 먼 곳을 함께 바라봐야 합니다. 저는 직원들과 워크숍을 하고 등산할 때마다 가족이라는 개념을 사용합니다. 많은 사람들이 가족과 직장을 구분하는데, 저는 직장동료도 가족이라고 봅니다.

가족은 자신과 과거의 경험을 함께 나누는 사람입니다. 직장동료는 미래의 같은 목표를 가진 사람들입니다. 우리가 같은 목표를 두고 일하다 보면 시간이 지날수록 같은 경험을 공유하게 됩니다. 그렇게 시간이 지나면서 동료가 가족이 되는 것입니다. 그렇게 생각할 때 협업도 더 잘되고, 양보도 하게 되고, 좋은 것을 공유하며 즐겁게 지낼 수 있습니다.

Q 직장 내에 열심히 일하지 않는 직원들도 있습니다. 이런 문제는 어떻게 해결해야 한다고 보십니까?

A 그런 문제는 어느 조직에나 있고, 조직이 커질수록 많아집니다. 앞서 얘기한 벽과 물의 관계처럼 업무에서 발생하는 문제로 생각하고 해결해야 합니다. 그 원인이 회사의 시스템인지, 본인의 문제인지, 조직의 문제인지 확인해야 합니다. 조직의 문제라면 조직을 수술해야 할 것입니다. 하지만 그런 문제들 대부분은 조직과 개인 둘 사이의 복합적인 문제인 경우가 많습니다. 개인적인 문제는 교육 등을 통해서 해결해야 하고, 조직

은 지속적으로 개선하고 문제점을 보완하며 방법을 찾아야 합니다.

Q 평생직장이라는 개념이 사라지고 있는데, 이러한 변화에 대해서는 어떻게 생각하십니까?

A 한 조직에 들어갔다고 해서 죽을 때까지 목숨 바쳐 일해야 하는 것은 아니라고 생각합니다. 많은 사람이 직장에 오래 근무하는 사람이 회사에 도움을 준다고 생각하는데, 제 생각에는 반대의 경우가 더 많은 것 같습니다.

로열티가 있다는 것은 조직의 목표를 이해하고 동참하고 자기 몸과 마음을 바칠 수 있다는 것이지, 그저 오래 다니는 것이 아닙니다. 회사의 비전을 공유하지 못하고, 불만만 있고, 부가가치를 만들지 못하면서 회사에 오래 다니는 사람은 쓸모가 없습니다.

대학생이나 사회초년생들은 회사를 선택할 때 '내가 이루고 싶은 꿈이 그 회사의 존재 이유와 맞는가?'를 고민해야 합니다. 작은 회사든 큰 회사든 좋은 사람은 있기 마련입니다. 잘 되는 회사와 안 되는 회사의 차이는 좋은 사람이 많으냐 적으냐에 의해 갈립니다. 더 나아가 자신의 꿈이 확실하지 못하다면 회사를 계속 다니는 데에 많은 문제가 생길 수 있습니다. 뚜렷한 목적의식, 소명의식이 있어야 합니다. 그런 생각이 없다면 자신에게 맞는 직장을 찾지 못한 채 평생 떠돌아다닐 수밖에 없습니다. 특히 조직이 꿈꾸는 가치와 비전이 자기 생각에 비추어 올바른 것인지를 생각해봐야 합니다.

나는 스타트업 대신 회사를 선택했다

Q 직원을 선발할 때 중요하게 보는 부분이 있다면 무엇입니까?

A 우리가 뽑으려는 역할에 맞는지를 가장 먼저 생각해봅니다. 신입 직원들의 경우에도 마찬가지입니다. 그가 업무에 맞는 준비가 되어 있는지를 가장 중요하게 봅니다. 더 중요한 것은 사람의 됨됨이입니다. 말로 표현하기가 참 어려운데, 기본적인 업무 능력보다는 그 사람이 어떤 마음을 가졌는지, 인성이 어떤지가 더 중요하다고 생각합니다.

직장생활의 핵심자원은 사람이다

이문영

Interview

이문영 파이어씨드 대표

이문영 파이어씨드(Fire Seed) 대표는 직장인으로 시작하여 다국적기업을 공동창업한 특별한 이력의 소유자다. 대우그룹에서 첫 직장생활을 시작한 뒤, 데이콤으로 자리를 옮겨 젊은 나이에 러시아 합작사 부사장으로 부임해 해외사업을 성공적으로 이끌었다. 이후 데이콤을 나와 네트워크 솔루션 업체인 데이터크래프트 초대 한국지사장을 역임하며 승승장구했다. 그러나 데이터크래프트를 나와 뛰어든 메이저리그 콘텐츠 사업이 실패로 돌아가면서 모든 것을 잃고 원점으로 돌아오는 불운을 맛보기도 했다.

첫 번째 사업이 실패한 뒤, 이문영 대표는 성공 경험이 있던 네트워크 솔루션 부문에 다시 뛰어들기로 결심하고 싱가포르를 주 무대로 한 패킷 시스템을 설립하였으며, 이후 아시아를 중심으로 한 다국적기업 DMX테크놀로지를 공동 창업하였다. 이후 투비소프트 대표를 거쳐 파이어씨드 대표를 맡고 있다. 파이어씨드는 2017년 설립된 핀테크 업체로 개인 간 안전거래 딜앱 등 서비스를 제공하고 있다.

이문영 대표는 직장에 대해서 "단순히 먹고사는 문제를 해결하는 곳이

아닌 일을 통해 새로운 것을 깨닫고 꿈꾸는 곳"이라고 말한다. 그는 우리 나라의 인재들이 세계를 무대로 일할 기회들이 여전히 많다고 말하면서, 특히 IT부문은 지금까지 만들어진 성장의 발판을 토대로 수없이 많은 새 로운 일들이 벌어지고 있다고 설명했다. 이문영 대표는 새로운 시장을 잡 기 위해 '통섭' '통합' '국제화' '혁신'이라는 네 가지 화두를 제시했다. 오 늘날과 같이 변화무쌍한 환경 아래에서는 여러 학문과 전문 영역에 지식 을 쌓아야 하고, 이를 토대로 사고보다는 행동 중심으로 개인의 진로를 결정해야 한다는 것이 그의 생각이다.

Q   첫 직장 이야기부터 듣고 싶습니다.

A   첫 직장생활을 대우에서 시작했습니다. 당시에는 내수기업보다 수출기업이 선망의 대상이었습니다. 입사 지원을 하고 현대와 대우에 합격했는데, 현대에 입사하면 창원에 엔지니어로 가야 했고, 대우를 선택하면 서울에서 수출 관련 업무를 맡을 수 있었습니다. 그래서 대우를 선택했습니다.

Q   당시 직장생활은 어땠습니까?

A   1987년에 입사했는데 회사가 무척 마음에 들었습니다. 당시 대우는 그야말로 '잘나가는' 기업이었고, 수출도 한창 잘되던 시절이었습니다. 그러다가 저와 대우에 같이 입사한 친구 중 한 명이 데이콤으로 회사를 옮겼는데, 그 친구가 데이콤이 보수도 더 좋고, 근무환경도 더 좋다며 약을 올리더군요. 그러다가 1990년 연말에 데이콤에서 경력사원을 모집한다며 지원을 권유하기에 원서를 넣고 합격해서 데이콤으로 회사를 옮겼습니다.

Q   전혀 다른 영역으로 이직을 결정하셨는데, 부담감은 없었습니까?

A   처음에는 주저했습니다. 공대를 나왔고 4년째 수출업무를 했는데, 지금 자리를 옮겨 데이콤에 들어갈 수 있겠나 하는 생각이 들더군요. 하지만 그 당시 PC가 활성화되기 시작했고, 새로운 것을 배울 수 있다는 점에서 '밑져야 본전'이라는 생각으로 지원했다가 합격을 했습니다.

나는 스타트업 대신 회사를 선택했다

Q 데이콤에서는 어떤 업무를 하셨습니까?

A 이전에 무역을 했었기 때문에 국제업무부에 배치되었습니다. 거기 근무하면서 해외 통신사업자와 만나게 됐고, 해외사업을 시작하게 됐습니다. 데이콤은 국내 방송통신부문을 이끄는 회사였고 KT가 33% 지분을 가지고 있었습니다.

그 당시 데이콤에서 해외사업을 위해 데이콤인터내셔널이라는 회사를 만들었는데, 제가 그곳으로 자리를 옮기고 본격적인 해외사업이 시작됐습니다. 데이콤은 대주주인 KT에 가시적인 실적을 보여줘야 했는데, 이를 위해 러시아 시내 전화산업, 중국 우정사업 등 수십 가지 해외사업을 했습니다. 그러면서 많은 것을 경험하고 배웠습니다. 단순히 무역을 하던 장사치의 눈에 사업기획 등 많은 분야를 보는 눈이 생기더군요. 1993년 말에 러시아 시내 전화산업을 위해 러시아 정부와 데이콤, LG전자 등이 조인트 벤처를 설립했는데, 제가 30대 초반의 나이에 부사장으로 그곳에 가게 됐습니다. 그때 직원이 45명이었는데, 군대의 소대장이 된 것 같은 느낌이었습니다.

Q 그 이후에는 어떤 업무를 하셨는지요?

A 1995년 초에 다시 한국으로 돌아와서 데이콤인터내셔널의 새 사업을 찾는 프로젝트를 맡았습니다. 프로젝트를 하던 도중에 데이콤 그룹에 들어가는 각종 솔루션, 애플리케이션 공급에 관한 업무를 맡게 되었습니다. 이 업무를 하면서 시스템 통합(SI) 관련 하드웨어와 소프트웨어 사업에 눈을 뜨게 됐습니다. 그러면서 자연스레 '데이콤뿐 아니라 다른 업

체를 대상으로 SI 사업을 해보면 되겠다.'라는 생각이 들었습니다.

곧바로 SI컨설팅 팀을 만들어 중견 회사들을 대상으로 컨설팅을 해봤더니 '외부시장에 많은 기회가 있다.'는 생각이 들더군요. 그래서 사업을 더 크게 하려고 다른 회사와 전략적 제휴를 맺기로 하고, SI업체인 데이터크래프트와 조인트 벤처를 만들기로 했습니다. 이 건은 결국 틀어지고 말았는데, 이유는 데이콤과 데이터크래프트가 서로 51%의 경영권을 주장했기 때문입니다.

Q 이후 데이터크래프트 한국 지사장으로 옮기셨는데, 어떤 이유였습니까?

A 데이콤은 외부 SI사업을 하고 싶었고, 데이터크래프트는 급성장하는 한국시장에서 안정적인 기반을 마련해야 했습니다. 하지만 두 업체 간 거래가 무산되자, 데이터크래프트에서 당시 관련 업무를 했던 저에게 다른 업체를 소개해 달라고 하더군요. 그래서 협력할 수 있는 업체를 15군데 정도 소개해줬는데, 국내 업체 쪽에서 마음에 들어 하지 않았습니다. 인터넷이 폭발적으로 성장하기 이전에 다국적 기업들은 이미 시장 성장세를 예상했습니다. 하지만 국내 기업들은 그런 변화를 거의 알아차리지 못했기 때문에 서로 생각이 달라 데이터크래프트에서 난감해하는 분위기였습니다. 그래서 그들에게 "차라리 내가 회사를 만들테니 투자를 해 달라."고 했습니다. 데이터크래프트에서 새로운 회사가 아닌 기존 회사를 합병하는 형태면 내 제안을 고려해 보겠다고 해서 제가 아는 다른 회사와 연결해서 데이터크래프트 한국지사장을 맡게 됐습니다.

Q 적극적으로 나서서 새로운 기회를 만드신 것이군요.

대우에 있을 때, 외국에서 물건을 떼다 파는 오퍼상이 유행했습니다. 그런 모습을 보면서 해외사업을 해보고 싶다는 꿈을 품었습니다. SI도 기술을 수반한 무역이라고 생각했고, 데이터크래프트라는 훌륭한 해외파트너도 만나게 됐으니 정말 좋은 기회다 싶더군요. 어느 정도 조직생활을 해본 터라 직접 대표가 되어 사업을 리드해보고 싶다는 욕심도 있었습니다. 그래서 결국 데이콤인터내셔널에서 함께 일하던 직원들 7명과 함께 회사를 나왔습니다.

Q 사업이 쉽지는 않았을 것 같습니다.

A 그럴 수도 있었겠지요. 하지만 다행히 사업 운이 따랐습니다. 1999년 말부터 소위 '대박'이 터졌습니다. 하나로통신과 한국통신에 인터넷 기술을 공급하면서 50억 원이었던 매출이 1,000억 원까지 늘어났고, 직원 수도 35명에서 280명까지 늘었습니다. 사람 팔자 '운칠기삼'이라는데, 그 당시에 인터넷 관련 사업을 하는 사람들에게는 '운구기일'이 필요했습니다. 운이 90%나 필요했던 시기였습니다. 하지만 그런 운도 해당 부문에서 필요한 경험과 지식을 모두 갖추고 있는 자에게만 찾아왔습니다. 아무런 준비가 없는 사람에게 기회는 오지 않습니다. 준비된 사람에게만 기회가 찾아오기 마련이지요.

실력으로 대결할 수 있어야 주위 사람들과 환경도 도움을 줍니다. 사람들을 많이 만나면서 휴먼네트워크가 중요하다는 것을 점점 더 깨닫게 됩니다. 목표의식을 갖고 10년이나 20년 뒤에 무엇을 하겠다는 생각을 하는 사람과 그렇지 않은 사람은 많은 차이가 날 수밖에 없습니다.

Q 회사 대표 자리가 부담스럽지는 않았습니까?

A 대표직을 맡은 건 그때가 처음이지만, 러시아 사업 당시 많은 사람을 만나면서 조금씩 경험이 쌓였던 것 같습니다. 사람을 대할 때는 마음속에 있는 것을 감추지 않고 모두 얘기했습니다. 처음에는 저를 믿지 못하던 사람들도 나중에는 진심을 알아주었습니다. 그렇게 사람들과 관계를 맺고 도움을 주고받으며 회사를 키워나갔습니다.

사회생활을 하면서 나중에 보지 않을 사람이라고 함부로 대하다가는 언젠가 큰 후회를 하게 됩니다. 짧은 순간의 욕심을 버리고 길게 생각해야 합니다. 시간이 지나고 보면 그때 그 욕심이 별로 중요하지 않았다는 것을 쉽게 알게 됩니다.

그 당시 제 나이가 39살이었는데, 280명의 직원과 함께 일했습니다. 다행히 회사에 좋은 사람들이 많이 모여 있었고, 그들과 끊임없이 대화를 했습니다. 리더십이라고 말하기보다 직원들과 많은 시간을 보내기 위해 노력했습니다. 중요하게 생각했던 영업파트와 기술파트 담당자들은 특별히 신경을 썼습니다. 직원들 생일 때 축하메시지를 보내고, 결혼한 사람에게는 배우자와 부모님께 편지를 보냈습니다. 그런 노력이 직원들을 이해하는 데 많은 도움이 됐고, 직원들도 열심히 근무해주었습니다.

Q 많은 직원을 관리하기가 쉽지 않았을 것 같습니다.

A 그때는 그렇게 신경을 써서 앞으로 어떻게 해야겠다는 생각이 있

었던 게 아니라, 그렇게 하는 게 당연하다고 생각했습니다. 직원과 그 가족들의 마음을 얻고 나니 이직하려는 직원들도 줄어들었습니다. 당시 직원 중 한 명이 좋은 제의를 받아 이직하려고 했는데, 가족들과 상의하고 나서 이직하지 않기로 한 일이 있었습니다. 나중에 들어보니 그 직원의 아내가 회사 직원들과 야유회를 간 적이 있는데, 그때 회사에 대한 믿음이 생겼다며 이직하지 말라고 했다고 하더군요. 제가 직장생활을 해오면서 가장 뿌듯했던 순간 중 하나였습니다.

결국, 회사는 사람들이 모여서 이루는 것이기 때문에 서로를 알고 이해하면 더 큰 힘을 발휘할 수 있게 됩니다. 그러기 위해서는 많은 시간을 들여 관심을 두고 이야기를 나눠야 합니다. 그런 과정이 있어야만 사람을 얻을 수 있다고 생각합니다.

Q 사업을 성공으로 이끌었는데, 그 뒤 상황은 어땠습니까?

A 지금 생각하면 부끄러운 일이지만, 당시에는 솔직히 말해서 오만과 건방이 점점 극에 달해갔습니다. 사업이 너무 잘 풀리니까 초심이 사라졌고, '사업, 뭐 별거 아니네.' 하는 생각이 들었습니다. 무슨 사업을 하든 시작만 하면 잘 될 거라는 자만심도 생겼습니다. 그때가 국내 인터넷시장이 본격적으로 열릴 때였는데, 콘텐츠 사업을 해봐야겠다는 생각이 들어서 데이터크래프트를 나와 새 회사를 설립했습니다.

Q 사업이 잘되는 상황이었는데, 다시 새로운 일을 시작한 계기가 있었습니까?

A IPTV, DMB 등 새로운 미디어가 열리는 때였기 때문에 당연히 사

업에 성공할 수 있을 것으로 생각했습니다. 새로 회사를 차리고 메이저리그 중계에 대한 IP 독점권을 확보했습니다. 메이저리그를 인터넷으로 유통하기 위해서는 무조건 우리 회사를 통해야 했습니다. 한국통신, NHN 등의 기업들이 우리의 가치를 인정하고 계약을 맺었습니다. 하지만 제가 간과했던 게 있었습니다. 아직 시장이 무르익지 않았는데 너무 빨리 사업에 나선 것이지요. 결국, 불법 다운로더, 해킹 등으로 인해 제대로 된 수익을 내지 못했습니다. 거기에 안 되려고 하니 당시 잘나가던 박찬호 선수가 갑자기 부진을 면치 못하더군요. 박찬호 선수뿐만 아니라 최희섭 선수, 김병헌 선수도 제대로 실력을 발휘하지 못하면서 처음의 관심이 사라지고 점점 회사가 어려워졌습니다.

Q   사업에서 실패를 맛보신 셈이로군요.

A   예. 하지만 언젠가 반드시 성공할 거라는 확신이 있었습니다. 너무 빨랐던 게 문제라고 생각했고, 조금만 더 버텨낸다면 분명히 성과가 날 거라고 봤습니다. 그래서 투자를 받기 위해 벤처캐피탈도 많이 만났습니다. 하지만 투자자들의 반응은 냉담했습니다. 우리 회사가 당시에 1년에 200만 달러씩 4년간 독점계약을 했는데, 투자자들은 계약종료 후에 사업을 지속할 수 있을지 여부를 확신하지 못했습니다. 결국, 투자를 못 받았고 회사를 정리하기로 했습니다. 당시 직원들이 22명이었는데 직원들 퇴직금 줄 돈도 없었습니다.

저로서는 처음으로 큰 좌절을 맛본 시기였습니다. 직원들의 퇴직금을 해결하지 못하게 되면서, 일부 직원들이 근로기준법 위반으로 소송을 제

나는 스타트업 대신 회사를 선택했다

기했습니다. 저는 퇴직금은 어떻게든 만들어 줄 테니 조금만 기다려달라고 했는데 결국 소송이 진행됐고, 주위에서 어렵게 돈을 구해 문제를 해결했습니다.

Q   직원들에 대한 실망도 있었을 것 같습니다.

A   직원들 대부분은 회사가 망하면서 경영진도 어렵다는 생각으로 사정을 이해해줬고, 소송을 제기한 직원들은 아주 일부였습니다. 물론 그분들도 사정이 있었고, 당연히 퇴직금도 줘야 하는 부분입니다. 하지만 그 과정을 겪으면서 직원들에 대한 신뢰는 깨졌습니다. 개인적으로는 기억하고 싶지 않은 경험이었습니다. 그 이후 직원들에 대한 생각이 이전과 약간 달라지기도 했습니다. 앞으로 사업을 하면서 직원들과 개인적인 친분을 쌓지 않겠다는 생각까지 했으니까요. 하지만 그것도 하나의 좋은 경험이었다고 생각합니다. 그럼에도 불구하고 직원들과 인간적으로 만나는 것이 좋다고 생각합니다.

Q   힘든 시기를 어떻게 버티셨는지요?

A   여러 가지 생각이 들었습니다. 답답한 시간의 연속이었지요. '사업이란 것이 쉽지 않은 것이구나.' 하는 생각이 처음으로 들었습니다. 앞으로 어떻게 해야 할지 많은 생각을 했습니다. 팔당 쪽에 조용한 카페를 한군데 알고 있는데 그곳에 가서 강을 바라보며 앞으로 무엇을 할지 많이 생각했습니다. 그리고 결국 제가 잘 알고 있는 분야를 다시 해보는 게 맞다는 결론을 내렸습니다. 데이터크래프트를 하면서 다국적 기업을 경험

해 봤기 때문에, 네트워크 관련 사업을 하는 다국적 기업을 만들기로 마음을 먹었습니다.

Q 다시 시작하기가 쉽지만은 않았을 것 같습니다.

A 일단 사업계획서를 만들고 데이터크래프트에 있을 때 알던 말레이시아 담당매니저를 찾아가서 설명했습니다. 운이 좋았는지 긍정적인 답을 얻었습니다. 제가 잘 알던 사업이기 때문에 사람과 자금만 있으면 충분히 승산이 있다고 생각했습니다. 이후 싱가포르의 벤처캐피탈리스트, 독일계 투자은행 등에 투자를 요청했고, 540만 달러를 투자받았습니다.

그 자금을 가지고 패킷시스템을 설립하고 한국, 말레이시아, 싱가포르 등을 중심으로 사업을 확대했습니다. 다행히 사업은 성공적이었고 싱가포르에서 기업공개를 추진했습니다. 하지만 2004년 말에 싱가포르 법이 바뀌면서 외국인이 기업을 상장하는 일이 사실상 불가능하게 되었고, 그러던 중 저와 같은 고민을 하고 있던 DMX의 에미우(Emmywu) 회장을 만나서 2005년 6월에 합작 형태로 말레이시아에 상장했습니다. 에미우 회장도 이전에 데이터크래프트에서 중국 지역을 담당하던 매니저였습니다. 사업 초기 인연이 나중에 아주 큰 인연을 만든 셈입니다.

Q 이후 사업은 어떻게 진행되었습니까?

A 한국지사의 사장을 선임하고 저는 싱가포르와 말레이시아, 홍콩, 한국 등을 옮겨 다니며 사업을 총괄했습니다. 하지만 한국지사가 제대로 역할을 하지 못하면서, 2008년 경에 한국시장의 기반을 거의 잃어버렸습

니다. 한국을 그냥 둘 것인지, 새롭게 정비할 것인지 고민하다가 제가 한국지사장까지 맡기로 했습니다. 처음 사업을 시작했을 때처럼 기초를 다지고 영업을 강화하면서 한 해 만에 3배가량 성장했고, 이후로도 지속적으로 성장했습니다.

Q 다른 회사로의 이직은 생각해보지 않으셨습니까?

A 관련 외국계 회사의 사장 자리로 옮기려고도 했습니다. 하지만 외국계 회사 사장보다는 제가 가진 경험을 토대로 아는 사람들과 함께하는 게 더 낫다는 결론을 내렸습니다.

Q 직장인으로서의 삶에 대해 어떻게 생각하십니까?

A 직장생활을 오래 하면 해당 업무와 상황에 대해 누구보다 잘 안다고 자만하는 때도 있습니다. 하지만 그런 생각은 언제든 깨지게 되어 있습니다. 자신의 논리에 빠져서 밖을 보지 못하는 경우가 대부분입니다. 항상 자신의 자만을 깰 준비가 되어 있어야 합니다.

Q 직장생활 중 후회되는 부분이 있다면 무엇입니까?

A 제 전문 분야가 아닌 쪽에 뛰어드는 일에 좀 더 신중해야 했던 것 같습니다. 인터넷방송 사업도 많은 시장조사를 거쳐서 결정한 것이긴 합니다. 열정도 있었고, 성공할 수 있다는 자신감도 있었습니다. 하지만 전체시장을 보는 눈은 부족했습니다. 해킹이나 불법 다운로드 같은 해당 업계의 고질적인 문제를 간과했습니다. 만약 더 연구했더라도 인터넷방송

사업은 잘 안 됐을 것 같습니다. 그런 부분은 당시로서는 해결할 수 없었으니까요. 전문 분야가 아닌 쪽에 손을 대다 보니 그런 실수를 한 것 같습니다. 그래도 그 실패를 겪지 않았다면 지금의 저 역시 없을 것 같습니다. 어찌됐든 그런 일을 겪으면서 드라마틱한 삶을 살 수 있었다는 생각도 듭니다.

Q 사회초년생들에게 해주고 싶은 조언이 있다면 무엇입니까?

A 제가 가장 좋아하는 단어는 '협상'입니다. 직장인들에게 이 단어를 항상 염두에 두라고 얘기하고 싶습니다. 사실 직장생활뿐만 아니라 가정생활에서도 협상은 중요합니다. 자식, 배우자와도 항상 협상해야 합니다. 여기서 중요한 것은 상대방과 수많은 협의를 하고, 얘기를 나눠야 한다는 것입니다. 상대방의 처지를 이해하고 자기 생각을 잘 전달해서 이해를 구할 때 가장 좋은 결정이 나온다고 생각합니다. 그렇게 각자의 관점에서 조금씩 양보했을 때 가장 만족스러운 답을 얻을 수 있습니다. 서로가 원하는 절충점을 찾는 것, 그런 것을 잘할 때 사업과 인생을 잘 엮어낼 수 있다고 생각합니다.

일본 역사서에 제국을 통일하는 '사카모토 료마'라는 사람이 나오는데, 저는 이 사람을 무척 좋아합니다. 그는 사무라이 시대에 칼이 아닌 설득과 타협으로 제국을 통일했습니다. 다양하고 변화가 많은 요즘 시대에 협상만큼 중요한 요소도 없다고 생각합니다.

한 가지 더 얘기하자면, 한살이라도 어릴 때 많은 사람을 만나는 데 시간을 써야 합니다. 연령대마다 만날 수 있는 사람이 다르고 찾아오는 기회도 다릅니다. 그런데 대다수 사람이 그 기회를 잘 활용하지 못합니다. 그저 기존에 만나왔던 친구들과 함께 시간을 보내는 경우가 대부분입니다. 친구와 친분도 중요하지만 비슷한 사람끼리 만나면 서로에게 도움을 주기보다는 비슷한 경험을 공유할 뿐입니다. 다양한 분야의 경험을 가진 사람과 만나야 하고, 자신도 누군가에게 이야기해줄 수 있는 사람이 되어야 합니다.

누구를 만나야 할지 모르겠으면, 자신이 관심 있는 분야에 5~10년 정도 경험을 쌓은 사람을 만나는 것이 좋습니다. 어떤 일을 해야 할지 무작정 찾기보다 사람들을 만나면서 뭘 해야 할지 확인할 수도 있고, 많은 자극을 받을 수 있습니다.

Q 그렇다면 어떤 멘토를 찾아야 할까요?

A 멘토가 한 명일 필요는 없습니다. 수많은 멘토를 만나서 각자가 느껴야 한다고 생각합니다. 그들을 직접 만나서 살아 있는 얘기를 들어야 합니다. 그 사람이 무엇을 고민하는지, 어떻게 성공하고 실패했는지를 들으며 자신에게 맞는 부분을 받아들여야 합니다. 중요한 것은 직접 들어야 한다는 것입니다. 글이나 인터넷, 동영상 등을 활용할 수도 있지만 직접 듣는 것만큼 좋은 것은 없습니다.

직장생활에서도 가장 중요한 것은 '사람'입니다. 대부분은 돈이나 물건처럼 눈에 보이는 것만 자원이라고 생각하는데, 사실 가장 중요한 자원은 '사람'입니다. 사람을 중요하게 여기지 않으면 아무것도 하지 못합니다.

Q 사회초년생이 된다면 무엇을 다시 해보고 싶으십니까?

A 다시 IT 쪽 일을 하지 않을까 싶습니다. 하지만 남들이 생각하지 못한 기술적으로 탁월한 무언가를 만드는 데 주력해보고 싶습니다. 더 많은 것을 시도하고 경험해보고 싶습니다. 사회에 나오거나 사업을 하는 데 필요한 기초를 다지는 데 노력할 것 같습니다.

Q 본인에게 일의 의미는 무엇입니까?

A 일의 의미는 직원과 경영자 각각의 위치에 따라 다르다고 생각합니다. 저는 회사를 경영하는 사람입니다. 회사의 생명과 직원들의 생계를 책임지는 것이 제 일입니다. 회사를 하나의 생명체라고 보면 직원들은 회사가 살아 숨 쉴 수 있게 하는 여러 장기의 역할을 맡고 있습니다. 제 역할은 회사라는 생명체가 늙지 않고 살아 숨 쉬도록 하는 것입니다. 그게 제게 있어서의 일의 의미입니다.

Q 직원 중 누군가가 새로운 사업을 하기 위해 회사를 그만두겠다고 한다면 어떻게 하시겠습니까?

A 적극적으로 도와주고 싶습니다. 함께 일했던 직원들이 저를 뛰어넘는 능력을 갖췄으면 좋겠습니다. 어차피 경쟁자들은 제 의지와 상관없이 계속 생기고 사라질 것입니다. 그렇게 보면 모르는 사람보다 아는 사람들이 동종 업계나 관련 업계에 있는 편이 사업을 할 때 훨씬 더 좋겠지요.

Q 향후 계획을 듣고 싶습니다.

나는 스타트업 대신 회사를 선택했다

A 언젠가는 은퇴를 해야겠지요. 은퇴한다면 제 경험을 토대로 도움을 줄 수 있는 봉사활동을 해보고 싶습니다.

Q **글로벌 비즈니스에 대해서 어떻게 생각하시는지 궁금합니다.**

A 세계화는 막을 수 없는 대세입니다. 특히 중국은 앞으로 더 많이 성장할 것입니다. 중국뿐만 아니라 외국에서 사업하려면 현지 관행과 사정 등 경험을 통해 알 수 있는 부분을 잘 알아야 합니다.

Q **업무를 하면서 다양한 분야를 섭렵하며 시야를 넓히는 것이 좋을까요? 아니면 자신만의 전문영역을 구축하는 것이 좋을까요?**

A 둘 다 중요하지만 전문성이 없으면 시야를 넓히는 것도 불가능하다고 봅니다. 하나의 전문성을 기반으로 영역을 확장하는 것은 수월하지만, 전문성이 없으면 어떤 업무를 하더라도 깊이가 없습니다. 그런 면에서 전문성을 먼저 확보하는 것이 중요하다고 봅니다.

Q **직원을 선발할 때 중요하게 보는 부분은 무엇입니까?**

A 화합할 수 있는 사람인지를 가장 먼저 봅니다. 회사는 혼자 일하는 곳이 아닙니다. 개인의 능력이 뛰어나더라도 화합하지 못하면 의미가 없습니다. 개인의 능력도 뛰어나고 화합도 잘한다면 금상첨화일 겁니다. 돌이켜보면 적극적인 자세가 있는 사람, 잘 웃는 사람이 회사에 중요한 역할을 하는 것 같습니다.

제가 직원들에게 강조하는 것은 '통섭(Interdisciplinary)' '통합

(Integration)''국제화(Internationalization)''혁신(Innovation)'입니다. 따로 구분되어 있던 시장의 벽이 사라지고 있으니 2가지 이상의 학문과 연구 영역의 전문가가 되는 '통섭'이 향후 중요한 키워드가 될 것입니다. 여러 영역을 단순히 조합하는 것이 아니라 제3의 영역을 창조할 수 있는 '통합'의 능력도 필요합니다. 국가 간 장벽이 허물어진 만큼 동서양을 아우르는 국제적인 의사소통의 기술도 갖춰야 합니다. 적어도 2가지 이상의 외국어를 할 줄 알아야 많은 기회를 얻을 수 있을 거로 생각합니다. 끝으로 사고보다는 행동을 중심으로 하는 창조적 파괴능력, 즉 '혁신'이 있어야 합니다. 생각에서 그쳐서는 안 됩니다. 생각하고 있는 새에 환경은 바뀌고 있습니다. 고정관념에 사로잡히지 말고 기존의 것을 깨고 새로운 것을 만들어내는 행동력이 중요합니다.

Q 여가는 어떻게 보내시는지요?

A 산책과 도서구매입니다. 시간이 날 때마다 책을 읽으려고 하는데 쉽지가 않습니다. 그래서 일단 마음에 드는 책을 삽니다. 일종의 정보 갈망이라고 할 수 있는데, 책을 사서 제목과 차례만 봐도 기분이 좋습니다. 저는 아침형 인간이 아니라 올빼미형 인간입니다. 새벽 2시 전후에 잠들어서 아침 8시 30분이 다 되어야 일어납니다. 스트레스를 잘 받지 않는 성격이기 때문에 해소법은 특별히 없습니다. 산책하면서 생각을 정리하면 풀리지 않던 문제가 해결되기도 합니다.

Q 이직에 대해서는 어떤 생각을 가지고 계시는지 궁금합니다.

A 항상 찬성입니다. 이직을 생각한다는 건 무언가에 불만을 느낀다는 얘기입니다. 자신의 역량을 조직에서 제대로 소화해주지 못한다면 이직을 하는 게 좋다고 생각합니다. 하지만 조금 더 좋은 대우를 받기 위한 목적의 동종업계 내 이직은 반대입니다. 기존 업무와 관련이 있는 새로운 일을 시도하는 것이라면 좋다고 생각합니다.

Q 본인에게 일의 의미는 무엇입니까?

A 사회적으로 가질 수 있는 경제가치와 인적가치라고 생각합니다. 컴퍼니라는 말은 '함께(Com)' '빵(Pany)'을 먹는다는 뜻입니다. 같이 먹고살기 위해 모인 곳이 회사입니다. 하지만 단순히 먹고살기 위해 모인 것이 아니라 일을 통해서 새로운 것을 깨닫고, 꿈꾸는 곳이기도 합니다. 의학이 발달하면서 인간의 기대수명이 100세를 바라보게 됐지만, 안타깝게도 대부분의 사람은 55세에 은퇴를 하게 됩니다. 그러고 나면 경제적인 것뿐만 아니라 주위에 사람이 필요합니다. 그런 면에서 보면 일을 하며 얻게 되는 인적 네트워크의 가치도 무척 크다고 생각합니다.

Q 대표님처럼 되고 싶은 꿈을 가진 직장인에게 조언을 부탁드립니다.

A 직종과 상관없이 어떤 회사에 다니더라도 글로벌한 경험을 할 수 있는 일을 찾는 것이 좋습니다. 내수중심의 업무는 일반적인 미래는 보장할 수 있어도 좋은 미래를 보장하기는 어렵기 때문입니다. 글로벌한 경험을 위해 어학은 필수입니다. 한국어와 영어를 기본으로 일본어나 중국어, 스페인어 등 개인의 특성을 살릴 수 있는 언어를 준비해두면 좋은 기회를

얻을 수 있을 것입니다.

　제가 처음 입사해서 러시아에 갔을 때와 지금을 비교하면, 말도 못할 정도로 세상이 바뀌었습니다. 어딜 가도 '스타벅스'와 '커피빈'이 있습니다. 카페까지도 국제화가 됐으니 다른 것들도 마찬가지입니다. 우리나라 기업, 우리나라 인재들이 해외에서 할 일이 많다고 생각합니다.

나는 스타트업 대신 회사를 선택했다

기본기는 모든 일의 밑바탕이다

정유신

Interview

정유신 한국핀테크지원센터 이사장(서강대학교 경영학부 교수)

한국핀테크지원센터(http://www.fintech.or.kr)는 국내 IT 금융의 글로벌 경쟁력을 갖춘 핀테크 서비스를 창출하고 우리나라의 신 성장동력으로 육성하기 위해 국내 금융업계가 협력해 만든 단체다. 금융(Finance)과 기술(Technology)을 결합한 핀테크는 핀테크 사업자에 대한 민관의 지원 역량을 집중하고, 핀테크 스타트업 지원 역할을 하고 있다.

정유신 이사장이 초대 핀테크 이사장이 될 수 있었던 것은, 오랜 금융업계 경력을 인정받았기 때문이다. 그는 대우증권, SC증권 대표, 한국벤처투자 대표를 역임한 뒤, 서강대학교 경영학부 교수로 부임했다.

정유신 이사장은 위기를 기회로 삼아 성공한 케이스다. 증권사에 투신하기 전에는 경제연구소에서 오랫동안 연구원으로 근무하면서 금융의 기초를 다졌으며, 와튼비즈니스스쿨에서 MBA를 이수한 후 영업 분야로 뛰어들어 사업가 기질을 발휘하기 시작했다. 그는 자신이 단기간에 성장할 수 있었던 이유로 '환경의 급격한 변화'를 꼽는다. IMF로 회사가 어려움에 부닥치면서 조직이 급격하게 변했고, 그런 변화의 틈새에서 여러 요직

을 거치며 단숨에 많은 업무를 습득할 수 있었다. 연구원을 떠나 금융영업 시장에 뛰어든 이후, 약 6년 반 동안 5번에 걸쳐 부서를 이동했는데, 11년에 걸친 연구소 경력이 급격한 변화에 빠르게 적응할 수 있는 바탕이 됐다고 한다.

정유신 센터장은 젊은 대학생이나 직장인들에게 자신의 진로를 선택하는 데 도움을 줄 수 있는 멘토를 적극적으로 찾아 나서라고 말한다. 멘토가 자신의 눈앞에 나타나기를 기대하는 소극적인 자세를 버리고 자신이 좋아하고 멘토가 되어줄 수 있는 사람을 찾아 스스로 다가가라는 얘기다. 이와 더불어 사회초년생일수록 두고두고 활용할 수 있는 기초를 쌓는 데 초점을 맞추는 것이 중요하다는 점도 강조했다. 목적 없는 영어공부나 어학연수, 취업준비보다는 개인의 특성을 살릴 수 있는 부문에 집중해야 하며, 될 수 있으면 나이가 어릴 때 많은 것을 겪어보고 경험하는 것이 좋다고 말했다. 일찍 투자할수록 높은 수익을 낼 수 있는 것처럼, 사회경험도 일찍 시작할수록 더 좋은 열매를 맺을 수 있다는 것이다.

Q 직장생활을 어떻게 시작하게 되셨나요?

A 처음 직장생활을 시작한 때가 1985년 4월입니다. 용산 미군기지에서 카투사로 근무했는데 제대하던 날 대우빌딩이 있는 서울역까지 걸어가서 바로 근무를 시작했습니다. 제대를 앞두고 친구들과 놀고 있었는데, 그 친구들이 입사원서를 낸다고 해서 저도 따라 삼성, 엘지, 현대, 대우 네 군데에 지원서류를 냈었습니다. 제대하기 전이라서 다른 곳들은 제대한 뒤에 오라고 했고, 대우만 바로 오라고 해서 대우로 가게 됐습니다.

당시 대우는 부산에 연수원이 있었는데 10박 11일 동안 어느 부서로 갈지 생각할 수 있었습니다. 연수 기간에 인사팀에서 기획조정실, 무역파트, 경제연구소 중에서 선택할 수 있다고 하더군요. 그때 기업마다 경제연구소들이 생기고 있었는데, 저는 연구소에 있다가 유학을 갈 생각으로 경제연구소로 가겠다고 했습니다. 사실 크게 고민하지 않고 내린 선택이었습니다. 막상 경제연구소로 간다고 했더니 선배들이 기조실로 오라고 권유하더군요. 당시만 해도 경제연구소가 처음 직장생활을 하기에 좋은 곳은 아니라는 인식이 팽배했기 때문입니다. 하지만 저는 대우경제연구소로 가기로 마음을 굳히고, 제대하는 날 군복을 입은 채로 업무를 시작해서 13년 동안 연구소에서 일했습니다. 처음의 결정이 그 이후 13년 생활로 이어진 것입니다.

Q 경제연구소 근무를 오래 하셨는데, 주로 어떤 업무를 했습니까?

A 11년은 연구원 생활을 하고 2년은 MBA를 다녀왔습니다. 연구소 안에서는 여러 분야를 두루 경험했습니다. 경영컨설팅과 산업조사를 중

점적으로 했는데, 처음에는 기계와 중공업 분야 분석을 맡았고, 나중에는 동향분석 쪽을 맡았습니다. 이후 증권조사 부문에서 근무하다가 채권 쪽도 연구했고, MBA를 다녀왔습니다.

Q MBA를 결심한 건 언제입니까?

A 유학은 연구소에서 일하는 내내 생각했습니다. 석사학위를 마치고 박사과정이나 영업 분야로 가야겠다고 생각하던 차에 우연히 기회가 돼서 MBA를 가게 됐습니다. 1990년까지는 학사연구원이었고, 이후 서강대학교에 경제대학원이 생기면서 대우그룹의 일부 인원이 이 대학원에 가게 됐는데, 저 역시 그 중 한 명으로 입학했습니다. 대학원 등록금은 개인 비용으로 충당했고, MBA는 회사에서 비용을 대췄습니다.

처음에는 MBA도 개인 비용으로 갈 생각이었습니다. 학위를 받고 나서 증권 쪽으로 갈 생각을 했기 때문입니다. MBA를 가게 되면서 많은 우여곡절이 있었는데 어쨌든 결과적으로 회사에서 많은 도움을 받았습니다.

Q 유학과 외국계 회사 경험이 많은 도움이 됐는지 궁금합니다.

A 절대적이지는 않지만, 부분적으로는 도움이 되었습니다. 학교와 회사는 다릅니다. 꼭 유학을 가서 외국계 학교를 나와야 하는 것은 아니라고 봅니다. 저는 MBA를 마치고 영어를 쓸 수 있는 환경에 노출되지 않았습니다. 그래서 통역학원과 영국, 캐나다 문화원 등을 다니면서 영어감각을 잊지 않으려고 하고 있습니다. 꼭 외국에 나가지 않더라도 외국어나 온라인 강의 등을 통해서 능력을 키울 방법은 많다고 생각합니다. 방법보

다 중요한 것은 의지와 실행력입니다. 예전과 달리 인터넷으로 원하는 것을 다 할 수 있는 세상이 됐습니다.

Q 직원들이 MBA를 하기 위해 외국으로 떠난다면 추천하시겠습니까?

A 금융권에 근무하는 사람에게 MBA는 가치가 있다고 생각합니다. 하지만 MBA에 바로 가는 것보다 직장생활을 어느 정도 하다가 방향을 정하고 가는 것이 좋다고 생각합니다. 자신에게 필요한 것이 무엇인지 대략 알고 준비해야 합니다. 하지만 MBA가 필수는 아닙니다. 유학을 가지 않고 국내에서 MBA를 할 수도 있습니다. 일하기 위해 무엇보다 필요한 것은 정보가 아니라 열정입니다. 영어와 관련해서도 좋은 교재와 방법들이 있으니, 꼭 외국에 나가지 않더라도 보충할 방법이 있다고 생각합니다.

Q MBA를 마치고 돌아온 후에는 어떤 일을 맡았습니까?

A MBA를 마치고 나서는 현지에서 경험을 쌓으면 좋겠다는 생각을 했지만, 회사에서 돌아오라는 연락을 받고 귀국길에 올랐습니다. 1999년에 금융위기가 발생하면서 그룹이 굉장히 어려워졌습니다. 구조조정을 거쳤고 일부 조직은 매각할 수밖에 없었습니다. 대우경제연구소도 팔아야 하는 상황이었기 때문에 저는 증권으로 자리를 옮겨 금융팀장을 맡았습니다.

Q 이전과 전혀 다른 일이었는데, 적응하기 힘들지는 않았습니까?

A 기업금융 쪽을 맡았을 때 제 나이가 41세였습니다. 마흔 살이 넘어

서 연구소 책상물림을 마치고 영업 전선에 뛰어든 겁니다. 처음에는 직원들과 어울리기가 쉽지 않았습니다. 부하 직원을 불러 따로 물어봤더니, 이 분야에서 10년 넘게 일한 직원들이 많은데 연구소 출신 사람이 새 부서를 만들어서 부장으로 왔기 때문에 반기지 않는다더군요.

듣고 보니 일리가 있었습니다. 새로운 부서를 만든다고 해서 서로 부장이 되지 않을까 내심 기대했을 텐데, 연구소에서 펜대만 굴리던 사람이 와서 그 자리를 차지한다니 좋게 생각할 리가 없었겠지요.

저는 직원들에게 솔직하게 얘기하고 어떻게 하면 좋겠는지 물었습니다. 그리고 현재까지 영업을 어떻게 해왔는지 확인했습니다. 제가 이전까지 하던 일과 전혀 달랐기 때문에 기존에 해왔던 사람들보다 질적으로 더 잘하기 어려웠고, 일단 양적으로 더 많은 것을 해야겠다고 생각했습니다. 그래서 매일 점심, 저녁마다 고객들을 만났습니다. 많을 때는 저녁만 3번 먹은 적이 있을 정도였습니다. '새로 온 사람이 열심히 하는구나!' 하고 생각하도록 만들고 싶었습니다. 그렇게 6개월 정도가 지나면서 주위 평판도 점점 좋아지고, 노력하는 부분만큼은 인정받을 수 있었습니다.

Q 그 일 이후에는 별 어려움이 없었습니까?

A 어려운 고비도 있었지만, 그때마다 운이 좋았습니다. 짧은 시간 동안 많은 경험을 했는데, 회사가 어려운 상황이었기 때문에 가능했다고 생각합니다. 회사에 여러 가지 소송도 걸려있었고, 자구책을 마련하기 위해 구조조정과 조직변경도 많았습니다. 이 때문에 제 의도와 상관없이 부서도 자주 바뀌었습니다.

당시 금융 상황이 변하면서 새로운 부서들이 많이 생겨났습니다. 하지만 그렇게 신설된 부서에는 사람들이 가지 않으려고 하는 것이 보통입니다. 밤늦게까지 일하며 제안서를 만들어도 채택이 되지 않으면 모든 노력이 물거품이 되어버리기 때문입니다. 당시 우리 회사에 ABS(자산담보부증권) 파생부가 있었는데, 회사가 소송에 걸린 탓에 업무 진행에 여러 가지 제약이 있었습니다. 이 때문에 팀 전체가 회사를 나가는 일이 발생해 제가 그 빈자리로 가게 됐습니다. 저는 지점에서 ABS에 대해서 알고 있는 사람을 찾았고, 결국 대리 한 명과 함께 새 부서로 자리를 옮겼습니다. 하지만 인생의 묘미라는 게 그런 걸까요? 회사가 격변에 휩싸이고 어려워지면서 전임자들이 회사를 나가는 분위기였는데, 그런 상황이 오히려 제게는 기회로 작용한 것 같습니다. 어찌 보면 남들이 모두 힘든 상황이라고 얘기했기 때문에 거기서 잘하면 인정받을 기회였던 셈입니다.

저는 주식도 그와 마찬가지라고 생각합니다. 높은 수익률을 내려면 어려울 때 들어가야 합니다. 잘 될 때 들어가면 위험은 적을지 몰라도 성과도 크지 않습니다.

Q 새로운 분야라 쉽지 않았을 텐데, 어떤 노력을 하셨습니까?

A ABS 파생부에 들어가서 프라이머리 전환사채(CB)를 아이디어로 냈습니다. 예전에 이미 연구했던 분야라서 자신이 있었습니다. 당시 기업들의 자금 흐름이 어려운 점을 고려해 안전한 회사들을 골라 보증이 필요 없는 프라이머리 전환사채를 4,700억 원가량 발행했고 대성공을 거뒀습니다. 만기까지 가면 78억 원의 이익을 거둘 수 있었습니다.

나는 스타트업 대신 회사를 선택했다

그 건이 직원들을 결속하는 계기가 됐습니다. 이후 일이 잘 풀리면서 우리 부서가 주목받기 시작했습니다. 아무도 가지 않으려던 부서가 인기 부서로 변하더군요. 이후 회사에서 기업시장 투자를 위해 투자은행(IB) 부서를 만들었는데 제가 IB 2본부장을 겸임하게 됐습니다. IMF가 끝나고 경기가 살아나기 시작하던 때였기 때문에 수익이 많이 났습니다.

이후 성과를 인정받아서 회사에서 기업고객 대상의 IB 1본부장으로 가라고 하더군요. 주력부문이었지만, 이 부문은 과당경쟁을 하던 터라 우리 회사에서 수익을 내기가 쉽지 않았습니다. '도대체 어떻게 하면 성과를 낼 수 있을까?' 하고 고민하던 차에 경쟁사와 다른 것을 해야 한다는 생각을 했습니다.

그러던 중에 노무현 대통령 집권이 시작됐는데, 저는 선박펀드를 해보면 좋겠다는 생각이 들었습니다. 노 대통령이 해양수산부 장관 시절부터 선박펀드에 관심이 있었기 때문에 여러 가지 혜택을 받을 수 있을 거로 생각했습니다. 무엇보다 다른 업체들이 이 부문에 아직 진출하지 않기 때문에, 직원들에게 선박펀드 가능성을 조사해보라고 했습니다. 조사해보니 최악의 시나리오라고 해도 원금 손실 위험성이 별로 없었습니다. 그래서 2003년에 국내 최초로 동북아 선박펀드를 시작했고, 성공으로 이어졌습니다.

남들이 하지 않는 것을 하자는 전략으로 부동산 관련 펀드도 시작했습니다. 같이 근무하던 직원 중 한 명이 강원대학교 부동산학과를 나와서 우리 회사 지점을 낼 때 입지 좋은 곳을 찾고 관리를 했는데, 이 친구는 평생 부동산 관련 업무를 해왔고 이 부분에 대해 자신감도 가지고 있었습니다. 그래서 그 친구의 열정을 믿고 부동산 펀드 팀장을 맡겼습니다. 이 부문도 기존 자산담보증권(ABS) 업무와 맞물려 시너지를 내면서 좋은 성과를 얻었습니다.

6년 반 동안 저는 부장 3번, 본부장 2번을 거쳤습니다. 1년 2개월마다 임무가 바뀐 셈입니다. 자리가 바뀔 때마다 공교롭게도 소방수 역할을 했고, 그 덕분에 단시간 내에 많은 경험을 할 수 있었습니다. 큰 변화가 없는 안정적인 대형증권사였다면 아마도 한 분야에서 부장을 오래 했을 것 같습니다. 시련이 오히려 기회가 된 것이지요.

Q **시련을 돌파하는 힘이 어디서 비롯했는지 궁금합니다.**

A 저는 문제가 생기면 피하지 않고 정면 돌파하는 스타일입니다. 힘든 일이 있을 때마다 직원들이 열심히 도와준 덕분이기도 합니다. 고객사들도 많이 도와줬습니다. 짧은 기간이었지만 많은 고객과 좋은 관계를 형성했습니다. 단기적인 이익에 집착하지 않았기 때문에 그런 일들이 가능했다고 생각합니다. 13년간 연구원을 한 것이 많은 영향을 미쳤다고 봅니다. 너무 오랫동안 연구원 생활을 해서 세상 물정을 몰랐다고 볼 수 있지만, 그런 모습이 오히려 고객이나 직원들과 관계를 맺는 데 도움이 됐다고 생각합니다. 41살이 넘어서 처음 영업 전선에 뛰어들 때는 '너무 늦은 것이 아닌가?' 하는 생각도 있었습니다. 하지만 연구원 생활 13년 동안 금융업에 관한 기초를 탄탄히 다졌기 때문에 업무에 빠르게 적응할 수 있었습니다. 고객사의 요청이 오면 머뭇거리지 않고 곧바로 제 의견을 이야기할 수 있었는데, 그것 역시 오랫동안 리서치 업무를 하면서 탄탄한

뼈대를 만들었기 때문에 가능했다고 생각합니다.

Q 기본기를 다진 것이 변화 적응에 도움이 되었던 거로군요.

A 그렇다고 생각합니다. 자본시장에 관심이 있다면 업으로 삼지 않더라도 꼭 리서치를 해봐야 합니다. 되도록 순발력 있고 감수성 예민한 대학생 시절이나 젊은 시절에 하는 것이 좋습니다. 30세 전후의 나이에는 감수성뿐만 아니라 동물적 감각이 번뜩이기 마련입니다.

모든 투자가 마찬가지입니다. 교육에 대한 투자, 업무에 대한 투자도 일찍 씨앗을 뿌려놓는 것이 좋습니다. 저는 '투자의 가치'가 곧 '시간의 가치'라고 생각합니다. 시간의 가치가 언제 어떻게 나타날지는 아무도 모릅니다. 수익이 처음에 날 수도 있지만, 한동안 수익이 나지 않다가 막판에 한꺼번에 나올 수도 있습니다. 하지만 어떤 경우라 하더라도 시작을 일찍 하는 것이 좋습니다.

Q 한 직장에 오래 계신 뒤에 이직하셨는데, 이유는 무엇입니까?

A 어느 정도 업무를 정상궤도에 올려놨을 때 굿모닝신한증권(현 신한증권) 쪽에서 부사장 제의가 왔습니다. 이전부터 기업가치에 관한 일을 해보고 싶었는데 원하는 제의가 와서 이틀 만에 회사를 옮기기로 했습니다. 이후 스탠다드차타드 증권을 거쳐 한국벤처투자 대표로, 서강대학교 경영학부 교수로 부임했습니다. 핀테크가 금융 쪽에서 새로운 성장동력으로 떠오르면서 많은 관심을 두게 됐고, 이 같은 경력을 인정받아 핀테크지원센터 초대 센터장으로 임명됐습니다.

Q 오랫동안 몸담았던 회사를 떠나기가 쉽지 않았을 것 같습니다.

A 주저하지 않았다면 거짓말이겠지요. 하지만 저는 과장 때부터 '회사에 충실하되 특정 회사의 내가 아닌 시장의 내가 되자'라는 목표가 있었습니다. 그래서 결정은 오히려 쉬웠습니다. 또 제가 처음 왔을 때와 달리 회사가 건강해지면서 오히려 저 자신이 나태해지기 쉬운 구조로 바뀌고 있었습니다. 그런 생각들이 겹치면서 새로운 도전을 해봐야겠다는 마음이 들었습니다.

증권과 은행 간 겸업이 점점 더 확산할 것으로 확신했기 때문에 은행 쪽 구조를 알아야겠다는 생각도 들었습니다. 신한은행의 자회사인 굿모닝신한증권에 가면 관련 업무에 대해 더 많은 것을 경험할 것으로 판단했습니다. 그렇게 아는 사람 한 명 없는 회사로 자리를 옮겨 1년 반 동안 열심히 일했습니다. 근무 기간의 후반에는 IB국제법인 본부를 맡아서 또 다른 경험을 했습니다.

이후 한국 스탠다드차타드 증권에서 대표 제의가 왔습니다. 금융 쪽에서 경험은 많았지만, 외국계 경험이 없었기 때문에 이 부분도 해봐야겠다는 생각이 들었습니다. 스탠다드차타드로 옮길 때도 큰 고민 없이 바로 결정했습니다.

Q 새로운 회사로 옮기는 일이 쉽지는 않았을 것 같습니다.

A 스탠다드차타드로 옮길 때는 CEO도 처음, 외국계도 처음, 회사를 설립하는 것도 처음이었습니다. 힘든 시간이었지만 각 부문을 한꺼번에 겪는 것이기 때문에, 장기적으로는 오히려 시간을 버는 것으로 생각했습

나는 스타트업 대신 회사를 선택했다

니다. 저는 직원들에게 각자 위치는 다르지만 사실상 입사 동기라고 말했습니다. 나중에 헤어져서 다른 곳에서 만나더라도 회사를 만들어가던 열정은 계속 이어질 것이니 열심히 해달라고 부탁했습니다.

처음에는 회사의 역량을 어떻게 하면 효과적으로 배분할 수 있을지 고민했습니다. 1조 이상 되는 증권사들이 즐비한데, 그들과 경쟁하기보다 우리가 잘할 수 있는 부문에서 성과를 내야 한다고 생각했습니다. 주어진 리소스로 초기 단계에 집중해야 하는 고객과 시장이 무엇인지 파악하고, 이 부분에서 단기간 내에 성과를 낼 수 있는 전략을 세웠습니다. 한 금융상품에서 잘한다는 소문이 나면 그 영향력이 다른 금융상품으로 이어질 것이고, 그런 여파가 이어져 다른 고객들을 끌어들일 수 있게 됩니다. 고객들에게 경쟁사보다 성실하고 최선을 다한다는 모습을 보여야 하는 것은 물론입니다.

제 전략의 한 축은 금융상품이고 다른 한 축은 고객입니다. 먼저 점에서 선으로 이동한 뒤에, 선에서 면으로 이동하기를 원합니다. 처음부터 여러 가지 부문에 덤벼드는 것이 아니라 작은 시장에서 가장 경쟁력 있는 업체가 되고, 이후 차례차례 시장을 확대해 나갔습니다. 회사가 어느 정도 기반이 다져졌을 때, 한국벤처투자 대표로 자리를 옮겼습니다.

Q **자신에게 익숙한 업무를 떠나 새 업무를 맡거나 부서를 이동할 때 고민하기 마련인데, 어떻게 대응해야 할까요?**

A 처음 ABS 부서로 옮길 때 고민이 됐습니다. 잘 안되던 부서였고, 고생길이 뻔히 보였으니까요. 하지만 선택의 여지가 없었습니다. 어떤 직

장인이라도 마찬가지 경우에 놓일 수 있다고 생각합니다. 회사에서 결정을 내렸다면 따라야겠지요. 아니면 사표를 내는 수밖에 도리가 없습니다. 제가 그쪽으로 자리를 옮길 때 주위에서 다들 안타깝게 생각하더군요. 하지만 저는 어려움의 이면을 생각했습니다. 어려운 상황에서 고생하며 쌓은 경험은 나중에 큰 힘이 됩니다. 그 어려움을 극복하면 평탄한 길을 걸을 때보다 훨씬 더 진도를 많이 나갈 수 있습니다. 잃을 것 없는 상태에서 큰 기대 없이 부딪치면 후회가 없습니다. 오히려 자신과 타인 모두 큰 기대를 품고 있는 일을 진행했을 때, 후회하게 되는 경우가 더 많습니다.

Q 회사 내에서 무언가를 결정해야 할 때 어떻게 대처하셨습니까?

A 저는 '흐린 날 남산에 가야 한다.'고 생각을 합니다. 아침에 일어나서 창밖을 보니 남산이 보인다고 칩시다. 어느 날은 안개가 끼어서 뿌연데 그래도 남산 철탑이 보입니다. 가는 길은 모르지만 방향 설정은 할 수 있는 날입니다. 또 어떤 날은 날씨가 좋아서 남산이 또렷하게 보이고 가는 길도 선명하게 보입니다. 그럼 둘 중 어느 때 남산을 가야 할까요? 저는 안개가 낀 날에 가야 한다고 봅니다. 청명한 날에는 엄청나게 많은 사람들이 이미 남산으로 가고 있을 겁니다. 아무리 잘해도 빠른 속도로 쫓아오는 사람이 있게 마련입니다. 하지만 흐린 날은 남산으로 가는 사람들이 많지 않기 때문에 경쟁이 어렵지 않을 것입니다. 앞이 잘 안 보이니 가다가 돌부리에 걸릴 수도 있지만, 가야 할 방향이 분명한 만큼 충분히 감수할 수 있습니다.

사람은 언제나 불확실한 상황에 놓이기 마련입니다. 그럴 때면 인생의

나는 스타트업 대신 회사를 선택했다

길을 잃고 어디로 가야 하는지 확신을 얻고 싶어합니다. 하지만 그런 확신을 가진 사람은 얼마 되지 않습니다. 확신이 있다면 오히려 그 부문의 경쟁이 치열할 것입니다. 방향을 모르겠다면 심각하게 고민해야 합니다. 하지만 방향이 옳다면 본인의 의지와 시간의 문제입니다. 거기에는 인내와 지혜가 필요합니다. 고생하더라도 올바른 방향으로 걸으면, 나중에 큰 것을 얻을 수 있습니다.

Q 직원 선발 시 중요하게 생각하는 부분은 무엇입니까?

A 앞서 이야기했지만, 기초(Fundamental)를 제대로 갖추고 있는지와 어떤 생각을 품고 있는지를 살펴봅니다. 그리고 무엇보다 참을성이 있는 사람인지를 중점적으로 봅니다. 사람마다 여러 가지 특성과 장점이 있지만, 그중에서도 인내심을 가장 높은 덕목으로 보고 있습니다. 직장을 다니면서 어려운 상황을 겪을 때, 그 위기를 넘을 수 있는 원동력이 참을성이라고 생각합니다. 물론 이는 기본적인 업무 능력을 갖추고 있을 때의 얘기입니다.

Q 창업을 생각해본 적은 없습니까?

A 있습니다. 누구나 저와 비슷한 제의를 받은 적이 한 번쯤은 있을 겁니다. 제 주위에도 "더 늦기 전에 회사를 만들면 투자를 하겠다."라고 말하는 분들이 있었습니다. 스탠다드차타드로 옮기기 전에 창업에 대해 고민을 했는데, 결국 그 길을 선택하지는 않았습니다. 언젠가 그런 결정을 할지도 모르겠습니다. 하지만 아직은 역량이 부족하다고 생각합니다.

Q 은퇴 후에는 어떤 일을 해보고 싶습니까?

A 어렸을 때부터 학교와 병원을 짓겠다는 꿈이 있었습니다. 어린이들을 위한 학교와 가장 병들고 늙은 사람을 위한 병원, 이 두 가지를 비영리로 운영해보고 싶습니다. 저는 제가 아플 때 '왜 아픈지, 어떻게 하면 아프지 않을 수 있을지'에 대해 책을 많이 읽으며 직간접적으로 경험했습니다. 대체의학에도 관심이 많은데, 제가 가진 지식을 다른 분들께 나눠드리고 싶습니다.

Q 건강이 좋지 않았다고 하셨는데, 업무에 문제는 없었습니까?

A 잘 조절하면 문제없다고 생각했습니다. 대학생 시절에 척추강직증에 걸려서 한 자리에 오래 앉아있을 수가 없었습니다. 여러 병원에 다녔는데도 낫지 않고 정신까지 약해져 갔습니다. 그때 '인간이라는 게 건강이 뒷받침되지 않으면 아무것도 아니구나. 그렇다면 나는 무엇을 할 수 있을 것인가?' 하고 생각했습니다. 정말 엄청나게 고민했습니다. 그 당시의 고민으로 인해 남들보다 건강에 대해 더 많이 신경 쓰고 관리하게 되었습니다. 누구나 힘들 때가 있는데, 그 상황을 반전시키면 오히려 도움이 되는 일이 많습니다. 어려움을 기회로 보고 거기에서 얻는 것을 어떻게 지속해서 활용할 수 있을지 생각해야 합니다. 오랫동안 자기에게 무기가 될 수 있는 것들에 대해서 더 많이 생각해야 합니다.

Q 직장인들이 전문분야에 매진하는 것이 좋을까요, 여러 경험을 두루 해보는 것이 좋을까요?

A 절대적인 것이나 왕도는 없습니다. 사람마다 특성이 다르고 선천적 후천적 상황에 따라 다르다고 생각합니다. 각자의 특성에 맞게 하는 것이 좋은 것 같습니다. 하지만 생리적인 특성상 젊을 때 기억력과 분석력이 좋은 것이 사실이기 때문에, 한 살이라도 젊을 때 한 부분을 파고들어서 무언가를 이룬 뒤에 그것을 토대로 주변으로 확대해 나가는 것이 좋다고 생각합니다. 한 분야를 깊게 파면 그 경험을 반추해서 응용할 수 있는 능력이 생깁니다. 그리고 그 능력으로 다른 분야에서 또 무언가를 깨달으면 그때부터 속도가 나기 시작합니다. 그와 같은 선순환 구조를 만들면 좋은 결과가 생길 것입니다.

많은 사람이 한 분야에 전문성을 인정받고 나서 그 자리에만 있으려고 합니다. 하지만 거기에 안주하지 말고, 인접한 분야를 파서 연계해야 합니다. 그러면 저절로 넓은 시야와 통찰력을 얻게 될 것입니다.

Q 직장생활 중 힘들었던 경험에 대해 듣고 싶습니다.

A 매번 어려울 때가 있었습니다. 연구소 시절에는 학사 출신이라는 점이 신경이 쓰였습니다. 그런 생각 때문에 석사를 마치고 와튼스쿨에서 MBA를 할 때도 다른 학위를 따려고 욕심을 냈습니다. 방송통신대학교에도 다니고, 건국대학교 부동산대학원도 마쳤습니다. 부동산 쪽은 예전부터 유심히 보고 있는 시장입니다.

Q 자신만의 스트레스 해소법이 있습니까?

A 예전에는 마인드 컨트롤을 많이 했습니다. 건강이 좋지 않았기 때

문에 국선도나 자율신경을 조절하는 냉온욕 등 여러 가지 방법을 썼습니다. 사람마다 스트레스를 푸는 방법이 제각각인 것 같습니다. 자신이 아는 방법만 쓰지 말고 새로운 방법을 많이 시도해보라고 하고 싶습니다.

Q **직장생활과 학업을 병행하셨는데, 다른 직장인들에게도 추천하시겠습니까?**

A 와튼스쿨 유학은 좋은 선택이었습니다. 제 생각에 인간은 결국 하늘이 정해진 길을 가는 것 같습니다. 중요한 것은 자신에게 다가오는 순간순간에 최선을 다하는 것이겠지요. 후회되는 건 연구소에 근무하면서 좀 더 목표를 가졌어야 했는데 그러지 못했다는 점입니다. 열심히 일하기는 했지만 일의 방향성이 없었습니다. 그때 방향을 제대로 지도해주는 사람이 있었다면 좋았겠지만, 그때만 해도 그런 부분에 대해서 무척 소극적으로 생각했습니다. 어떤 멘토를 만나는지도 중요하지만, 그런 멘토를 찾기 위해 어떤 노력을 하느냐가 더 중요한 것 같습니다.

연구원으로 근무하던 시절에는 상사를 대하기가 무척 어려웠습니다. 제대로 말도 못 붙였을 정도니까요. 인생의 중요한 시기에 미리 경험해본 사람의 얘기를 듣는 간접경험은 아주 훌륭한 자양분이 될 수 있습니다. 하지만 저는 그런 멘토가 나타나기만을 기다렸습니다. 돌이켜보면 기다리지 말고 찾아 나섰어야 했다는 생각이 듭니다. 그런 부분은 좀 더 적극적이었으면 좋았을 것 같습니다.

Q **멘토는 어떤 사람이어야 한다고 생각하십니까?**

A 장래에 어떤 것을 준비해야 하고 어떤 일을 하면 좋은지 얘기를 해

줄 수 있는 사람이라면 좋겠지요. 멘토가 꼭 한 사람일 필요는 없을 것 같습니다. 어떤 사람이라도 그 사람과 친해지고 관심을 끌어내면, 본인의 경험을 토대로 많은 얘기를 해줄 것입니다. 멘토를 만나는 것도 젊을 때일수록 좋은 것 같습니다.

힐러리 클린턴 같은 경우, 자신이 좋아하는 사람을 찾아가거나 편지를 써서 멘토를 찾았다고 하는데, 그런 면에서는 적극적으로 표현해도 좋을 것 같습니다. 멘토를 만나 방향을 명확하게 정하면 각 행동에 의미를 부여할 수 있고, 시간이나 일에 대한 인식이 강해지면서 얻을 수 있는 것도 많아질 겁니다.

살면서 궁금했던 일들에 대한 답을 구하고 반성하는 기회를 얻을 수도 있을 것입니다. 일찍 투자해야 수익률이 높은 것처럼 멘토도 일찍 만나는 것이 좋다고 생각합니다. 그런 멘토의 조언을 받아 자신에게 투자해야 합니다. 이때 투자하는 것은 돈이 아니라 자신의 시간과 경험입니다. 사람들과 친분도 많이 쌓고, 자신이 가치가 있다고 생각하는 부분에 목표를 정하고 준비해야 합니다.

Q 사회초년생이나 취업 준비생에게 해주고 싶은 조언이 있다면 말씀해 주십시오.

A 자본시장 쪽을 자신의 미래라고 고려한다면, 대학생 시절에 기초(Fundamental)를 쌓는 것이 중요합니다. 투자도 해보고 동아리 활동도 해보라고 얘기하고 싶습니다. 금융공학 등 학문적으로도 체계적인 준비를 하는 것이 좋습니다.

마음만 먹으면 대학생이라는 신분을 이용해서 할 수 있는 것들이 많습니다. 학교에 요청해서 발전기금을 투자받을 수도 있고, 증권사와 투자협력모델을 만들어 볼 수 있습니다. 모의게임이나 산학협력 차원에서 애널리스트들을 초청해 얘기를 나눠보는 것도 좋습니다. 세계적으로 네트워크를 넓히는 것도 가능합니다. 대학 동아리 간의 연계도 국내 대학뿐만 아니라 해외대학, 예를 들어 중국금융시장에 관심이 많다면 베이징대학이나 칭화대학과 해볼 수도 있을 것입니다. 이런 식으로 주식동아리 교류를 글로벌하게 하면 국내에 국한하는 것보다 더 큰 틀을 만들 수 있을 것입니다. 될 수 있으면 한살이라도 어릴 때 이런 경험을 해봄으로써 자신의 구체적인 무기가 무엇인지 확인해 볼 수 있습니다.

어학연수처럼 돈 많이 들고 모두가 하는 것 말고, 색다른 것을 찾아보길 바랍니다. 모여서 토론하고 새로운 생각을 하는 것이 필요하지, 영어 못하는 학생들끼리 앉아서 신변잡기를 늘어놓는 것은 별 도움이 안 됩니다. 이력서를 쓴다고 가정해 봅시다. 어학연수 1년 다녀온 것과 미국과 중국 학교의 동아리와 협력해서 투자기법을 써보고 결과를 냈던 경험을 쓴다면 회사에서 당연히 후자 쪽에 관심을 가질 겁니다.

Q **직장생활을 시작하고 나서 진로수정을 고민하는 사회초년생이 많은데, 조언을 부탁합니다.**

A 사회가 많이 바뀌어서 이전과 달리 직장인들이 선택할 기회가 많아졌습니다. 이런 분위기 자체를 바꾸기는 어렵다고 생각합니다. 이런 것을 보면 자신이 좋아하는 업무를 찾기 위해서는 본인이 좀 더 노력하고, 미래에 대해 준비하는 단계가 필요합니다. 자신과 직장 두 가지 측면에서

나는 스타트업 대신 회사를 선택했다

성장성과 안정성 양쪽을 보고 결정해야 합니다.

사람마다 업무 능력이 발휘되는 시기는 다릅니다. 어떤 사람은 일을 시작하자마자 능력을 발휘하기도 하지만, 1~3년쯤 뒤에 제 몫을 하는 사람도 있습니다. 회사에 최선을 다하면서 개인적으로 미래를 준비할 수 있어야 할 것입니다. 예전에는 이 두 가지가 양립할 수 없었습니다. 하지만 국내 기업환경과 해외 기업환경의 차이가 급속히 줄어들면서 얼마든지 회사에서 열심히 일하면서 개인적인 부분의 숙련도를 높일 수 있습니다. 개발할 수 있는 여지는 많습니다. 자신의 업무를 할 때 상사의 처지에서 생각해보면 답이 나옵니다. 과장은 차장, 부장과 커뮤니케이션을 잘하면서 업무를 해야 합니다. 그렇게 하면 업무 실력도 붙고 시장에 나가서도 가치 있는 사람으로 평가받을 수 있습니다. 능력 있는 사람은 시장에서 가만두지 않습니다.

Q 본인에게 일은 어떤 의미가 있습니까?

은퇴하면 빨리 늙는다는 얘기들을 합니다. 직장인에게 일은 좋아하고 싫어하는 감정이 복합적으로 얽혀있는 구조라고 생각합니다. 자유가 너무 많으면 구속을 원하는 것처럼, 일이 어느 정도 사람을 구속하지만 대신 안정감이나 성취감을 줍니다.

인생이 긴 것 같지만, 어찌 보면 아침 이슬과도 같습니다. 해가 뜨면 순간적으로 사라져버리는 것이 인생입니다. 긴 것 같지만 반추해보면 대학을 졸업할 때까지 인생에 대해서 잘 모르는 경우가 대부분입니다. 사회생활 초기에도 잘 모릅니다. 서른이 넘으면 비로소 어느 정도 감을 잡기 시작합니다.

미리미리 준비해야 합니다. 서른이 넘으면 마흔은 금방 옵니다. 그러고 나면 직장인으로서의 기한이 한 10년 정도 남습니다. 그렇게 10년을 더 일하고 나면 대부분 다른 일을 찾아야 합니다.

젊을 때는 일을 '고통과 짜증' '나를 힘들게 하는 것' '놀고 즐기는 것의 반대 개념' 정도로 생각하는 사람이 많습니다. 하지만 일은 인생의 대단히 중요한 부분이고, 일을 통해서 수입이 발생하기 때문에 생활의 핵심이고 인생의 중요한 도구가 됩니다. 저는 일이 '존재의 의미'라고 생각합니다. 자신이 앞으로 살 인생을 설계하는 근간이 되기 때문입니다.

나는 스타트업 대신 회사를 선택했다

07

중요한 것은 직장이 아니라 직업이다

김호

Interview

김호 더랩에이치 대표

 더랩에이치의 김호 대표는 국내에 몇 없는 위기관리전문가다. 글로벌 PR회사인 에델만에 입사해서 승승장구하며 CEO 자리까지 올랐지만, 인생의 후반을 새롭게 그리겠다는 생각으로 남들이 부러워하는 직장을 미련 없이 버렸다. 현재는 자신의 이름을 딴 '더랩에이치'를 설립하고 기업의 임직원들을 대상으로 주로 위기관리 분야에서 프로젝트를 수행하면서 기업체 CEO 및 임원 대상의 워크샵과 코칭을 진행하고 있다. 그는 우리나라에서만 100만 부 이상 팔린『설득의 심리학』의 공인트레이너 자격(CMCT)을 갖고 있어, 관련 워크숍도 진행하고 있다.

 김호 대표는 직장인으로서 '삶의 균형'을 유지하는 것이 중요하다는 점을 여러 차례 강조했다. 업무와 개인 생활 간의 관계를 잘 조율해야 양쪽 모두 만족할 수 있다는 얘기다. 삶의 균형을 맞추기 위해 업무와 여가를 구분해야 하며, 쉴 때는 '비생산적인 일'을 통해 재충전할 기회를 가져야 한다고 강조했다. 특히, 많은 업무에 시달리는 직장인일수록 시간을 내서 휴식을 취해야 한다고 말했다.

나는 스타트업 대신 회사를 선택했다

　앞만 보고 달려가는 대다수 직장인에게 그의 말은 그저 먼 나라 이야기처럼 들릴 수 있다. 이에 대해 김호 대표는 갈수록 수명이 길어지고 노령화 사회에 접어드는 만큼, 기회가 있을 때 미리 노후를 대비해야 한다고 설명한다. 이를 위해 휴식을 갖고 자신을 돌아보고, 철저한 준비로 새로운 후반전을 시작할 수 있어야 한다고 강조했다. 앞만 보며 달려오던 시간을 정리하고 하프타임을 가진 그는 인생의 후반전을 달리고 있다.

Q 직장 경력을 간단히 소개해 주시기 바랍니다.

A 글로벌 PR컨설팅사인 에델만과 미국계 제약회사인 MSD에서 근무하다가 2007년 '더랩에이치'를 설립했습니다. 주로 위기관리와 리더십 및 조직을 위한 전략 커뮤니케이션 컨설팅을 하면서 CEO와 임원 중심의 코칭과 워크샵을 진행하고 있습니다.

이전과 달리 인터넷과 소셜미디어의 성장으로 기업활동에서 발생하는 문제들이 여과 없이 드러나는 경우가 많아졌습니다. 과거에는 언론을 통해서만 이런 일들이 알려졌기 때문에 기업들의 뜻대로 잘못을 숨길 수도 있었습니다. 하지만 이제는 상황이 바뀌었습니다. 과거에는 숨길 수 있었던 잘못도 이제는 사과해야 하는 일이 더 많아졌습니다. 하지만 아직도 형식적인 '사과문'이 대부분인 우리 현실에서 위기관리의 철학이자 전략으로서 사과에 대해 연구하고, 또 컨설팅하고 있습니다.

Q 처음 사회생활을 시작하던 때의 얘기를 듣고 싶습니다.

A 에델만에서 일하게 된 건 우연이었습니다. 미국에서 공부하다가 1995년에 버슨마스텔러(Burson-Marsteller)에서 여름방학 인턴을 하기로 되어 있었는데, 인턴을 시작하기 한 달 전에 회사가 합병되는 바람에 제 인턴 자리가 없어졌습니다. 그런데 당시 저를 인터뷰했던 분께서 에델만이라는 회사가 한국에 새로 생기는데 소개해 주겠다고 해서 가게 되었습니다. 당시만 해도 제가 나중에 그 회사의 대표까지 하게 될 줄은 상상도 못 했지만, 우연이 굉장한 인연을 만들어 낸 셈입니다.

Q 홍보대행사 대표로 근무하는 도중에 회사를 그만 둔 이유는 무엇입니까?

A 2007년 중반 에델만에서 나와 반년 동안 여행도 하고 목공소에서 가구도 만들면서 좀 쉬었습니다. 2007년은 제가 마흔이 되는 해였는데, 삼십 대 중반부터 마흔이 되면 변화해야겠다는 생각을 품고 있었습니다. 예전에 헤드헌터에게 들었던 조언 중 제가 기억하고 있는 것이 '하이(high)', 즉 실적이 좋을 때 옮기라는 것이었는데, 2007년은 여러 가지 점에서 저에게 좋은 타이밍이라고 생각했습니다. 회사에서 나온 지 많은 시간이 흘렀지만 후회한 적은 없습니다.

Q 직장인으로서 한 번의 은퇴를 경험하신 셈이로군요.

A 그렇죠. 삶의 하프타임이죠. 원래는 1년간 하프타임을 가지려 했는데, 막상 해보니 1년까지는 힘들어서 6개월로 줄였습니다.

Q 회사를 나올 때 두려움은 없었습니까?

A 30대와는 다른 40대를 살고 싶었습니다. 그래서 짧은 '은퇴'가 필요했고요. 두렵기도 했지만 저지르지 않으면 머릿속으로만 생각하다가 끝나겠다 싶어서 결론을 내렸습니다. 만약 그때 행동하지 않았다면 미련만 남았을 겁니다. 회사를 나오는 건 그때의 제가 꼭 해야만 했던 '저지름'이었습니다.

30대 때에는 일 중독자로 살았습니다. 삶의 균형이 없었습니다. 일에서는 성공했지만 행복은 없었습니다. 그런 생각을 하니 40대에는 행복하게 살고 싶더군요. 행복을 추구하기 위해 회사를 나왔습니다. 우리나라에서는 성공과 행복을 동일시하는 경향이 있습니다. 많은 사람이 성공하면 행복할 거로 생각하는데 꼭 그렇지는 않습니다. 성공의 정의를 잘 생각해 볼 필요가 있습니다.

Q 젊은 나이에 대표를 맡으셨는데, 좋은 점도 있고 애로사항도 있었을 것 같습니다.

A 물론입니다. 돌아보면 첫 대표였으니 실수도 잦았습니다. 대표는 외로운 자리라는 말이 있는데, 저 역시 그랬던 것 같습니다. 직원을 판단해야 하고, 회사의 방향에 대해 의사결정을 해야 하는 것은 초보 대표였던 저에게 쉽지 않은 일이었습니다. 다행스러운 것은 제가 부사장이던 시절 제 보스였던 로버트 피카드 사장으로부터 경영자가 되기 위한 수업을 받았습니다. 대표가 되면 주변에 솔직하게 피드백을 주는 사람이 자연스럽게 줄어듭니다. 그래서 대표 취임 즈음부터 당시 호주에 있던 리더십 코치로부터 3년간 코칭을 받았는데, 매우 큰 도움이 되었습니다.

Q 회사를 나온 것을 후회한 적은 없습니까?

A 저는 좋은 회사에서 대표를 맡았고, 운 좋게 대표로 일하던 3년 동안 해마다 역대 매출을 기록했습니다. 좋은 실적을 세우고 떠났으니 감사하지요. 떠나는 것에 대한 아쉬움은 있었지만 후회해 본 적은 없습니다.

Q 회사를 나오고 나면 이전과 느낌이 많이 다를 것 같습니다.

A 글로벌 회사 에델만에서 대표로 일하는 것과 아무도 모르는 제 회사를 설립해 일하는 것은 무척 다릅니다. 회사를 나온 뒤에 '내 이름으로

나는 스타트업 대신 회사를 선택했다

제대로 한 번 서보자.' 하는 생각을 했습니다. 명함에서 회사와 직책을 지우고, 내 이름만으로 의미가 있어야 한다고 생각했습니다. 그러기 위해서는 나만의 전문분야에서 능력을 발휘하며 끊임없이 브랜딩 작업을 해야 한다고 판단했습니다.

사실 회사를 처음 나왔을 때는 한동안 하는 일도 없고 들어오는 일도 없었기 때문에 스트레스와 두려움이 있었습니다. 하지만 마음 한편으로 지금 이걸 겪지 않으면 안 된다는 생각도 들었습니다. 조금이라도 젊을 때는 견딜 수 있지만, 나중에는 힘들 거라는 생각을 했습니다. 제가 아는 선배는 50이 넘어서 사업을 하기 위해 회사를 그만뒀습니다. 그분께서 "내가 40대 초반에만 독립했어도 잘됐을 텐데, 나이가 드니 쉽지 않다."는 말씀을 하시더군요. 그래서 저는 40대 초반에 승부를 걸겠다는 생각을 이전부터 가지고 있었습니다. 언젠가 실패를 경험할 수밖에 없다면 조금이라도 먼저 겪는 게 좋겠다고 생각했습니다. 실패하더라도 내 이름만으로 일어서는 시도를 해보고, 그래도 안 되면 다시 돌아오겠다고 생각했습니다. 30대의 10년을 보낸 울타리 안에서 성공했다고 해서 40대에도 성공한다는 보장은 없습니다. 10년 전만 해도 소셜미디어가 중요하지 않았지만, 앞으로 성장할 가능성이 보였기 때문에 미리 변해야 한다고 생각했습니다. 새로운 환경에 맞추려면 자신이 먼저 변해야 합니다.

Q 자신만의 스트레스 해소법이 있습니까?

A 회사에 있을 때 곤란했던 질문 중 하나가 취미가 뭐냐는 질문이었습니다. 일 말고는 취미라고 부를 만한 것이 없었습니다. 하지만 에델만

을 그만두기 1년 반쯤 전에 일본 가구 장인의 전시회를 보고 많은 것을 느꼈습니다. 그 뒤 목공에 관심이 생겨서 배우기 시작했습니다. 육체노동을 한다는 것, 그 노력을 통해 무언가를 만들어내는 데에서 큰 기쁨을 느꼈습니다. 'PR 말고도 재미있는 일이 있구나.' 하는 생각이 들었습니다. 공부를 다시 시작하면서 목공 일을 그만뒀는데, 언젠가는 제 이름으로 된 목공소를 내서 가구를 만들어보고 싶습니다.

Q **다른 취미는 없으신가요?**

A 회사를 나온 뒤에 글을 많이 쓰게 됐습니다. 카이스트 정재승 교수님과 함께 『쿨하게 사과하라』라는 책을 썼고, 『나는 왜 싫다는 말을 못 할까』 『삶이 심플해지는 거절의 힘』을 출간했습니다. 이외에도 많은 책의 감수에 참여했습니다. 글쓰기는 일이면서 하나의 즐거운 취미가 되었습니다. 책 읽는 것도 좋아해서 매달 많은 책을 삽니다. 하지만 사놓고 안 읽는 책도 많고, 읽더라도 부분적으로 원하는 부분만 읽는 경우가 대부분입니다.

저는 책 중에서 가장 파워풀한 책이 '공책'이라고 생각합니다. 책을 읽기만 하는 것은 어찌 보면 큰 의미가 없습니다. 책을 읽으면서 공책에 자기 생각을 적어나가는 것이 중요하다고 생각합니다. 목공소 이외에 제가 나중에 하고 싶은 것이 직접 노트를 만드는 것입니다. 직접 디자인하지는 않았지만, 노트를 만들어 본 적도 있습니다. 다시 강조하자면 노트에 생각을 적고 정리하는 것이 중요합니다.

나는 스타트업 대신 회사를 선택했다

Q 보통의 직장인들은 하고 싶은 일이 있어도 생계를 위해 지금 일을 포기하지 못합니다. 그들에게 어떤 조언을 해주시겠습니까?

A 물론 사람마다 상황이 다를 것입니다. 제가 드릴 수 있는 조언은 '직장은 나를 보호해주지 않지만, 직업은 나를 보호해줄 수 있다.'는 것입니다. 직장은 그야말로 사무실을 뜻합니다. 직업이란 직장을 다니는 상태를 뜻하는 것이 아니라 직장을 떠나서도 일할 수 있는 능력을 뜻합니다. 요즘은 40대 후반에서 50대 초반이면 보통 직장을 나오게 됩니다. 그것도 밀려나는 경우가 대부분이지요. 많은 경우 20~30년의 직장경력은 있는데 자기만의 직업은 만들지 못하고 나오는 경우가 대부분입니다. 직장생활을 하는 동안 스스로 물어봐야 하는 것이 있습니다. '나는 직장생활을 통해 나만의 직업을 만들어가고 있는가?' 직업을 만들지 못하면 직장을 떠나서 생계를 유지하기 힘들게 됩니다. 50에 직장을 나와서 90세까지 40년 동안 저축만으로 살 수 있을까요? 이제는 70대를 넘어서까지 일해야 하는 세상입니다. 직장 경력을 활용하여 나만의 직업을 꼭 만드시라고 말씀드리고 싶습니다.

Q 직장생활이 힘들 때 어떻게 휴식을 해야 할까요?

A 사람마다 휴식의 방식이 다르다고 생각합니다. 사정상 도중에 쉴 수 있는 여건이 아니라면 주말만이라도 시간을 내서 하프타임을 확보해야 한다고 생각합니다. 핵심은 자기 자신을 되돌아볼 수 있는 시간을 확보하는 것입니다. 6개월 정도 쉬는 것이 좋은 방법이 될 수도 있지만, 그럴 수 없다면 자신이 할 수 있는 한도 내에서 되돌아볼 수 있는 시간을 확

보할 필요가 있습니다.

제가 아는 분 중에는 혼자 있는 시간이 필요해서 새벽에 작업하는 분이 있습니다. 결혼도 했고 아이도 있어서 낮에는 시간을 낼 수 없기 때문이지요. 제가 말한 하프타임의 기본 전제는 자신을 돌아보는 시간입니다. 휴가가 될 수도 있고 휴직이 될 수도 있고 사람마다 여러 가지 방식이 있을 것입니다. 직장을 옮기는 사람이라면 그 중간에 시간을 확보할 수 있을 겁니다. 일을 하다가 6개월 정도 쉬는 시간을 위해 최소한 1년 이상은 준비를 해야 합니다.

Q 대학생 시절로 돌아간다면 어떤 일을 해보고 싶습니까?

A 고전을 더 많이 읽고 싶습니다. 나이가 들고, 직업에서 경력이 쌓이면서 가장 아쉬운 것이 '좀 더 많은 고전을 읽었더라면 좋았을 것'이라는 생각입니다. 그리고 기술 쌓기입니다. 목공을 하면서 느낀 것인데, 몸을 써서 무언가를 만들 수 있는 기술을 갖는다는 건 정말 축복이라는 생각을 했습니다. 좀 더 일찍 이런 기술을 가졌다면 인생이 더 행복했을 것이라는 생각을 하게 됩니다.

Q 직원을 선발할 때 중요하게 생각한 부분은 무엇입니까?

A 직원이 얼마나 큰 가능성을 가졌는지를 봤습니다. 기술적인 측면에서는 빠르게 숙련될 수 있는지를 중요하게 봤습니다. 또 한 가지는 마음가짐과 태도입니다. 일을 잘해도 마음가짐이 좋지 않은 사람의 경우, 혼자서 하는 일은 잘하는데 밑에 한 사람만 있어도 문제가 생깁니다. 사원

일 때 일을 잘하다가 대리, 과장이 되면 일을 못 하는 사람이 이런 경우입니다. 일에는 익숙하지만 사람에는 익숙하지 않다면 높은 업무효율을 내지 못합니다. 다른 사람과 얼마나 잘 어울릴 수 있는지가 업무를 하는 데 있어 무척 중요하기 때문에 이 부분을 중요하게 봤습니다.

Q **이직에 대해서는 어떻게 생각하시는지 궁금합니다.**

A 회사와 직원의 관계는 연인 관계와 비슷합니다. 연애하는 동안은 충실하게 하고, 만약 뜻이 맞지 않으면 다른 사람을 만날 수 있습니다. 한 직장에 속해 있는 동안에는 그 직장에 충실하게 일하면서 이바지하고, 또 새로운 기회가 나타나면 얼마든지 직장을 바꿔서 새롭게 도전해볼 수 있다고 생각합니다. 직장이 나를 선택한다고 생각하지 말고, 스스로 직장을 선택하고 직업을 만들어가라고 말하고 싶습니다.

또 한 가지, 회사에 들어갈 때는 최선을 다하는데 나올 때는 최선을 다하지 않는 사람들이 많습니다. 늘 새로 갈 직장에만 최선을 다하는데 그건 잘못된 자세입니다. 소셜 네트워킹이 강해지면서 사람들 사이가 굉장히 좁아졌습니다. 떠나는 직장에서도 최선을 다해 마무리하는 게 좋습니다. 저는 회사를 그만두기 위해 사표를 6개월 전에 냈습니다. 6개월의 시간을 두고 충분히 심사숙고해서 후임자를 뽑아 달라고 회사에 얘기했습니다. 퇴사 전 마지막 한 달은 후임자와 같이 일했습니다. 그렇게 해야 회사뿐만 아니라 내게도 도움이 된다고 생각했기 때문입니다.

Q **직장인으로서 한 분야의 전문가가 되는 것이 좋을까요, 아니면 다양한 분야의 경**

힘을 쌓는 것이 좋을까요?

A 20대 중반이나 후반에 직장생활을 시작한다고 보면 적어도 30대 초, 중반까지는 자신이 무엇을 좋아하고 잘할 수 있는지 균형점을 찾아야 합니다. 처음 5년 정도는 다양한 경험을 해보는 게 좋고, 이후 10년 정도는 전문 커리어를 쌓는 것이 좋습니다. 그렇게 전문 커리어를 쌓다 보면 영역을 넓혀야 하는 시점이 옵니다. 서로 다른 업종 간의 상관관계가 점점 더 중요해지고 있는 만큼, 다른 분야와 자기 전문분야를 연결하는 게 중요합니다. PR만 해도 문학의 스토리텔링, 소셜 컴퓨팅 분야 등 여러 가지 부문과 연계가 확대되고 있습니다.

입사 초기에는 전문분야를 찾아내는 작업에 신경을 써야 합니다. 그러기 위해 많은 사람을 만나면서 자기 자신에 대해 고민해야 합니다.

Q 기업들의 위기관리가 앞으로 어떻게 바뀔 것 같습니까?

A 소셜미디어가 보편화하면서 위기관리의 트렌드가 많이 바뀌고 있습니다. 과거보다 기업들이 실수나 잘못을 특별히 많이 하는 건 아닙니다. 하지만 소셜미디어의 보급으로 인해 이전보다 많은 이슈가 생기게 되었습니다. 1년에 일어나는 문제가 10건이라고 할 때, 소셜 미디어 이전에는 그중에 2~3건 정도가 이슈가 되었던 반면, 이제는 6~7건 정도가 이슈가 됩니다. 문제가 수면 위로 드러날 확률이 훨씬 높아졌습니다. 그렇다 보니 기업에 문제가 발생했을 때 어떻게 대처하는지가 점점 더 중요해지고 있습니다.

실수나 잘못이 있을 때 가장 효과적으로 위기를 탈출할 방법은 사과입니다. 인정하지 않고 숨기고 미루면 점점 더 궁지에 몰립니다. 소셜미디어 시대의 위기관리는 노출, 공개, 사과로 볼 수 있습니다.

Q 일하면서 행복하다고 느낄 때는 언제입니까?

A 마음이 맞는 사람과 함께 일하게 될 때입니다. 그것만큼 좋은 것도 없지요.

Q 전문가로서 홍보 분야에 꿈을 가진 분들에게 조언을 부탁합니다.

A 나이를 먹는다는 건 자신에 대한 이해도가 높아지는 거라고 생각합니다. 하지만 많은 사람이 나이가 들어도 자기가 뭘 원하는지 모르겠다고 얘기합니다. 저는 '자기 자신을 알기 위해 많은 고민과 노력을 해보는 것이 중요하다고 생각합니다. 상당수가 자신의 미래가 불확실하고 하고 싶은 일이 뭔지도 잘 모르겠다고 불평하지만, 실제로 자신이 뭘 원하고 뭘 잘하는지 알기 위해 시간과 노력을 투자하지 않습니다. 심리테스트도 해보고, 전문가로부터 상담도 받아보고, 마음속의 여러 가지 생각들을 글로 정리해보기도 하고, 과거를 돌아보며 자신이 해봤던 경험을 정리하는 시간도 가져보아야 합니다.

이전에 한 심리검사를 받으면서 제 삶을 돌아볼 기회가 있었는데, 큰 도움이 되었습니다. 후배들에게도 자기 자신에 대해 글로 표현해보라고 권합니다. 삶을 살아오며 있었던 크고 작은 스토리를 나누고 곱씹다 보면 자신에 대한 이해도가 높아집니다. 책에서 읽은 아이디어인데, 직업과 학력 중심의 이력서와는 별도로 체험의 이력서를 작성해보는 것이 큰 도움이 된다고 생각합니다.

스티브 잡스가 '점과 점이 연결된다(connecting the dots).'라는 말을 한 적이 있지요. 저는 그 말을 참 좋아합니다. 인생의 어느 시점에 일어난 사건은 거기에서 그치는 게 아니라 다른 사건과 다시 연결되기 마련입니다. 저는 학생 시절 발표하는 것을 좋아했는데, 결국 지금의 코칭, 강연 등으로 연결되었다고 생각합니다. 체험의 이력서를 쓰다 보면 점과 점이 연결되는 것을 찾을 수도 있지 않을까요?

Q 구체적으로 직장인들에게 필요한 시간은 무엇일까요?

A 대다수 사람은 자신에 대해 생각하고 표현하고 그 생각을 나누는 시간이 절대적으로 부족합니다. 그렇다 보니 자신이 어떤 일을 해왔고 어떤 일을 해야 하는지도 잘 모르는 것 같습니다. 자신이 뭘 원하는지 알아낸 뒤에는 행동으로 옮겨야 합니다. 성공이나 행복은 그것을 얻는 방법을 아는지 모르는지의 문제가 아니라, 생각을 행동으로 옮길 수 있는지 아닌지에 관한 문제입니다. 누구나 길을 알지만, 행동으로 저지르는 사람과 그렇지 않은 사람은 전혀 다른 결과를 만들어냅니다.

제 경우를 예로 들어보죠. 저는 체중을 감량하려는 생각이 있습니다. 방법은 간단합니다. 먹는 것을 조절하고 운동을 열심히 하면 됩니다. 하지만 그게 귀찮아서 운동하지 않으니 체중이 그대로입니다. 체중을 줄이는 방법은 알지만, 실행에 옮기지 못하고 있는 겁니다.

제 고등학교 동창 중 한 명은 자신의 적성과 맞지 않는 IT 분야의 일을 과감하게 접고 요리학교에 입학했습니다. 자신이 원하는 것을 40대 중반

나는 스타트업 대신 회사를 선택했다

에야 알게 되었고, 그래서 행동으로 옮긴 것이지요. 물론 위험도 따르지만, 저는 이 친구의 실천이 큰 의미가 있다고 봅니다. 마크 트웨인이 그런 말을 했다지요. 나중에 돌아보면 한 것보다 안 한 것을 놓고 후회하게 된다고. 무언가 하는 것이 중요합니다.

자기 분야에서 최고의 전문가가 되어라

박동영

Interview

박동영 대우증권(현 미래에셋대우) 전 부사장

박동영 대우증권 전 부사장은 뱅커스트러스트, 살로몬브라더스 등 외국계 금융회사에서 경력을 쌓은 글로벌 투자전문가다. 그는 "직장은 또다른 학교"라고 말한다. 어떤 학교에서 어떤 스승과 친구를 만나느냐가 인생에서 무척 중요하듯이, 어떤 직장을 선택하고 어떻게 업무를 하느냐에 따라 미래의 모습이 달라진다는 것이 그의 지론이다.

이와 더불어 직장에서도 학교에서와 마찬가지로 방향을 잘 잡고 노력을 게을리하지 않아야 한다고 강조한다. 학교성적이 아무리 좋더라도 회사에서 노력을 다하지 않으면 사회의 낙제생이 될 수 있고, 학교에서 낙제를 받았더라도 회사에서 제대로 배우고 노력하면 두각을 나타내고 성공할 수 있다는 얘기다.

박동영 전 부사장은 성공적인 직장인으로 성장하기 위해서는 무엇보다 프로정신을 가지는 것이 중요하다고 말한다. 월급만 바라보며 시계추처럼 집과 회사를 오가는 것이 아니라, 어느 곳에서 무슨 업무를 하든 그 분야 최고의 전문가가 되어야 한다는 것이 그의 지론이다.

나는 스타트업 대신 회사를 선택했다

　'직장은 생계를 해결하는 곳'이라는 생각을 버리고 일을 통한 자기만족을 느낄 수 있도록 하는 것이 자기 일을 즐길 수 있는 좋은 방법이라고 조언했다.

Q 회사에 입사하기 전 이야기를 듣고 싶습니다.

A 대학을 졸업하자마자 MBA를 하러 유학길에 올랐습니다. 1985년이었는데 당시만 해도 MBA가 아주 생소하던 때였습니다. 유학에 관한 책도 거의 없던 터라 동분서주하며 하나씩 정보를 모아서 입학원서를 썼습니다. 지금 생각해보면 정말 겁 없이 부딪쳤던 것 같습니다.

당시는 한국인 유학생들이 아주 적을 때였습니다. 제가 다니던 학교에도 교포 한 사람을 제외하고는 제가 유일한 한국인이었습니다. 처음에 도착해서는 뜻밖의 언어장벽에 부딪혔습니다. 유학을 가기 전에는 저 스스로 영어를 무척 잘하는 편이라고 생각했는데, 본토의 영어는 한국에서 공부했던 영어와 차이가 컸습니다. 교수님이 내주는 숙제도 제대로 못 알아들을 정도였으니까요. 그래서 처음에는 고생이 많았습니다. 외국 사람이고 영어를 잘 못한다고 해서 봐주는 법이 없었습니다. 다행히 2학기에 접어들 즈음부터는 어느 정도 익숙해지고 차차 상황이 좋아졌습니다.

Q 직장생활은 어떻게 시작했습니까?

A MBA를 하면서 투자은행과 컨설팅회사 쪽으로 진출해야겠다는 생각을 했습니다. 학교에서 강의하는 분들 중에 골드만삭스 같은 월스트리트 금융가 사람들이 많았는데, 그분들의 강의를 들으면서 증권회사에서 일하면 재미있겠다는 생각을 했습니다.

공부를 마친 뒤에는 군 복무를 위해 한국으로 돌아왔습니다. 석사장교로 복무를 마칠 무렵 증권업이 인기를 끌기 시작했습니다. 국내 주식시장이 활황기에 접어들 무렵이었는데, 아는 선배들의 권유로 쌍용투자증권

나는 스타트업 대신 회사를 선택했다

(지금의 신한금융투자)에 입사하게 됐습니다. 당시 쌍용투자증권이 국제금융업무와 관련해서 강점이 있었는데, 그 점이 무척 마음에 들었습니다.

Q 회사에 입사한 뒤에는 어떤 업무를 맡으셨습니까?

A 처음 입사해서 국제부로 발령을 받았습니다. 그리고 얼마 되지 않아서 뉴욕으로 1년간 파견을 나가게 됐습니다. 지금은 사라진 월드트레이드센터에 사무실이 있었는데, MBA를 같이 했던 동창생들이 월가에 있어서 많은 도움을 받을 수 있었습니다. 글로벌 기업에 있는 친구들과 자주 만나고 얘기를 나누면서 젊었을 때 현실에 안주해서는 안 된다는 생각을 했습니다. 그러던 와중에 아는 분의 소개로 미국회사인 뱅커스트러스트로 자리를 옮겼습니다. 당시는 뱅커스트러스트가 파생상품의 절대 강자이던 시절이었는데, 입사 후 서울, 홍콩, 런던 등 여러 곳에서 일할 기회를 얻을 수 있었습니다.

뱅커스트러스트에 근무하면서 글로벌 기업이 직원들을 바라보는 시각에 대해 인식할 수 있었습니다. 그들은 직원을 볼 때 '해당 국가에서 일할수 있는 사람' '해당 국가가 포함된 좀 더 넓은 지역에서 일할 수 있는 사람' '글로벌하게 일할 수 있는 사람'으로 분류를 합니다. 저는 운 좋게도 등급평가를 잘 받아서 많은 경험을 쌓을 수 있었습니다. 돌이켜 생각해보면, 젊은 혈기에 열심히 일했기 때문이기도 하지만, 무엇보다 저를 이끌어준 좋은 상사를 만났던 덕이 컸다는 생각이 듭니다.

일반회사도 마찬가지지만 특히 금융기관에서는 어떤 회사에 다니느냐 못지않게 어떤 상사를 만나느냐가 무척 중요합니다. 제 경우에는 좋은 상사를 만난 덕분에 많은 도움을 받을 수 있었고, 세계 여러 나라를 돌아다니면서 외국계 투자금융회사에 대해 배우고 경험할 수 있었습니다. 만약 우리나라 금융회사에만 계속 근무했다면 아마도 그런 경험을 하기 힘들었을 겁니다.

Q 국내금융사와 해외금융사의 구체적인 차이점은 무엇이었습니까?

A 1993년에 런던지사로 옮기게 됐습니다. 이전에도 자주 출장을 가긴 했지만, 소속이 아예 런던으로 바뀐 건 그때가 처음이었습니다. 첫 출근 날, 최첨단 기기들과 사람들로 가득 찬 회사를 보고는 완전히 압도당했습니다. 특히 전 세계 금융시스템을 한눈에 파악할 수 있는 트레이딩플로어를 보고 많이 놀랐습니다. 그때 그 광경을 보면서 느꼈던 충격을 지금도 잊을 수 없습니다.

당시만 해도 글로벌 금융회사에 들어가서 일해 볼 기회를 얻을 수 있는 한국인은 거의 없었습니다. 홍콩을 아시아의 금융허브로 꼽는데, 글로벌한 시각에서 보면 홍콩도 유럽이나 미국 본사의 수많은 지역 허브 중 하나일 뿐입니다. 한 단계 높은 곳에서 세계를 한눈에 볼 수 있는 것이 글로벌 금융회사에서 일하는 커다란 장점이라고 할 수 있습니다. 최근에는 국내 금융사들도 글로벌화 되어가고 있지만, 그때만 해도 차이가 컸습니다. 저로서는 퀀텀점프를 한 시점인 셈입니다.

런던지사에 출근한 첫날, 상사가 제게 말하더군요. "지금 당신 자리를 유지하는 데 드는 비용이 얼마인지 아느냐? 1년에 50만 달러 정도가 든다. 그러니 앞으로 살아남으려면 그 10배 이상을 벌어야 한다."고 말입니

나는 스타트업 대신 회사를 선택했다

다. 당시 런던지사에 아시아인이라곤 저와 일본인 1명이 전부였습니다. 그 일본인 같은 경우에는, 일본금융시장이 그때도 무척 큰 시장이었기 때문에 회사에 기여할 수 있는 부분이 있었습니다. 하지만 한국인 프리미엄은 없었습니다. 하나씩 일을 늘리고 제대로 해서 저 자신을 인정받는 수밖에는 별도리가 없었습니다.

힘들기는 했지만, 한편으로 전 세계 금융시장을 콘트롤한다는 것이 신기하고 재미있기도 했습니다. 새벽 일찍 출근해서 대만, 태국, 인도네시아 등 모든 시장을 파악하고 상황을 체크했습니다. 새벽 5시에 일어나서 6시 40분에 출근하는 생활을 계속했는데, 근무시간이 너무 많아서 무척 힘들었습니다.

Q 힘든 시간이었을 텐데, 어떻게 이겨내셨습니까?

A 그런 생활이 이어지다 보니 몸과 마음이 지칠 대로 지치더군요. '한국으로 돌아가는 게 낫지 않을까?' 하는 고민이 머리를 맴돌았습니다. 그런데 마침 그때 본사에서 새로운 상사가 왔습니다. 기존 상사와 달리 제능력을 무척 인정해주시던 분이었는데, 뱅커스트러스트에서도 주목을 받던 분이었습니다. 그분이 제게 비중 있는 업무를 맡기고 제가 그걸 잘 해내고 하면서 좋은 관계로 발전했습니다.

그렇게 런던에서 업무를 하는 중에 제게 도움을 준 상사가 홍콩으로 가게 되었다면서 서울로 돌아와서 일을 맡아줄 수 있겠느냐고 청하시더군요. 고민 끝에 런던 지점 상사에게 양해를 구하고 서울로 돌아와서 일했고, 홍콩에서도 업무를 봤습니다.

Q 금융업의 특성상 힘든 일이 많았을 것 같습니다. 직장생활을 통틀어 가장 큰 위기는 언제였습니까?

A 매번 힘든 일의 연속입니다. 가격정책을 잘못해 큰 손해를 본 적도 있고, 계약했는데 중요한 조항을 빠뜨려서 바이어를 찾아가 다시 계약서를 써달라고 조른 적도 있습니다. 여러 가지 해프닝이 많았는데, 그만큼 좋은 경험도 많이 했고 좋은 사람들과 인연도 쌓았습니다.

뱅커스트러스트 홍콩지점에 근무하면서 심신이 지쳐가고 있을 때, 다른 금융업체인 살로몬 쪽에서 서울에서 근무할 기회가 있는데 이직할 생각이 있느냐며 제의를 했습니다. 고심 끝에 이제는 해외생활을 접고 한국에 정착해야겠다는 생각으로 8년간 몸담았던 뱅커스트러스트를 떠나 살로몬으로 회사를 옮겼습니다. 마지막까지 고민했지만 해외생활에 지쳐가던 때라서 그런 결정을 내렸던 것 같습니다.

지금 생각해보면 젊은 나이였는데 조급하지 않았나 싶습니다. 회사를 옮길 때는 '살로몬이 큰 합작회사니 열심히 하면 빨리 은퇴할 수 있겠다.' 하는 생각이 들었습니다. 증권업은 다른 분야에 비해 은퇴가 빠른 편인데, 외국에는 30대 중반에 은퇴해서 레스토랑을 하거나 여행을 하는 등 자신이 하고 싶었던 일을 하며 사는 사람들이 꽤 있습니다. 저 역시 그런 생각으로 결심하게 됐던 것이지요.

그런데 인생이라는 게 뜻대로만 되는 건 아니더군요. 한국에 온 지 5개월 만에 살로몬이 다른 회사와 합병을 하면서 하루아침에 다른 직장을 구해야 하는 신세가 돼버렸습니다. 그 전까지는 동기들보다 승진도 빠르고 주위에서 '너무 잘나가는 것 아니냐'는 얘기를 듣기도 했었는데, 하루아

나는 스타트업 대신 회사를 선택했다

침에 모든 게 무너지는 느낌이었습니다. 큰 좌절감을 느꼈고 회사를 떠나 어디로 가야 할지 고민하는 처지가 되었습니다. 그때 제가 갈 수 있었던 곳이 모건스탠리와 삼성증권 정도였는데, 삼성증권을 선택했습니다. 한국회사 경험이 없던 터라 이번을 기회 삼아 국내 금융업체 경험을 쌓아보자는 생각을 했습니다.

Q 외국회사에서 한국회사로 옮기고 달라진 점이 있다면 무엇입니까?

A 한국회사들이 대개 그렇지만 삼성의 문화가 외부에 상당히 배타적입니다. 그때 나이가 30대 후반이었는데, 캐피탈마켓 담당 상무로 들어갔습니다. 대학 동창들이 사업부에 과장으로 근무하고 있었고, 형 친구들이 차장, 부장으로 있었을 때입니다. 그렇다 보니 업무적으로나 인간적으로 쉽지 않은 관계를 맺어야 했습니다. 몇 사람만 거치면 다들 서로 아는 관계라서 인간적인 문제를 풀기가 어려웠습니다. 업무 강도는 외국회사가 더 강했는데, 한국회사에서는 인간관계가 무척 어려워서 이전보다 더 힘들더군요.

그래도 업무에서만큼은 누구에게도 지지 않을 자신이 있었기 때문에 열심히 일했습니다. 5,000원 하던 주가가 8만 원까지 올라가고 회사가 급속히 성장하는 시기를 경험했습니다. 하지만 이런 경험과 달리 마음고생은 무척 심했습니다. 이후 메릴린치 등 외국계 회사로 다시 자리를 옮겼다가 2009년에 대우증권으로 이직했습니다.

Q 직원을 채용할 때 중요하게 보는 점은 무엇입니까?

A 가장 중요하게 보는 건 정직과 성실입니다. 다른 업종도 마찬가지겠지만, 금융업에서는 특히 이 두 가지가 매우 중요합니다. 저를 인정해준 상사들 역시 그런 점에 높은 점수를 줬다고 생각합니다. 업무를 잘하고 못하는 건 다음 일입니다.

이건 외국기업이나 한국기업이나 마찬가지입니다. 일을 잘하는 것보다 더 중요한 게 정직과 성실입니다. 얼마나 정직하고 성실하냐 하는 것은 사람의 본성이기 때문에 고치기가 어렵습니다. 정직과 성실에 문제가 있는 사람은 언제든 사고를 치게 되어있습니다.

Q 자신만의 스트레스 해소법이 있다면 무엇입니까?

A 스트레스는 업무, 인간관계 등 여러 가지 요인에서 발생합니다. 처음 런던에 발령받았을 때 스트레스가 무척 심했습니다. 하지만 이걸 이겨내지 못하면 앞으로 아무것도 할 수 없다는 오기가 생기더군요. 그래서 주중에는 열심히 일하고 주말에는 가족과 이곳저곳 여행을 다녔습니다. 외국회사들은 우리나라와 달리 회식 문화가 없어서 금요일 저녁과 주말을 활용할 수 있었습니다. 런던은 유럽 여러 나라로 이동하기 편했기 때문에 평일에는 일에 전념하고 주말에 여행하면서 고비를 넘겼습니다.

Q 지금 자리에 오기까지 자신을 이끌어 온 원동력이 있다면 무엇입니까?

A 자기 분야에서 인정받을 수 있을 만큼 능력을 키우기 위해서는 고비를 넘길 수 있는 적당한 자극이 필요합니다. 시샘이라고 할까요? 제게는 뭐든 남보다 잘해야 한다는 강박관념 같은 게 있습니다. 그걸 지나친

경쟁심으로 볼 수도 있는데, 학교에서든 일에서든 남보다 앞서야 마음이 놓이는 성격입니다.

어떤 일이든 남들과 비슷하게 해서는 잘할 수 없습니다. 남보다 더 많이 하고 남이 안 하는 것을 해야 앞설 수 있습니다. 직장에 와서 새로운 업무를 맡으면 그 일을 잘하기 위해 여러 가지를 찾아서 공부하고, 일과 관련된 지식을 많이 쌓아야 합니다. 그저 월급을 벌기 위해 일을 한다면 자신에게도 조직에게도 좋지 않습니다.

대다수 직장인이 실무를 통해 일을 익히겠다는 생각을 하는데, 실무에서 얻을 수 있는 지식 못지않게 이론적인 배경지식도 중요합니다. 실무를 통해 익히는 지식만이 진짜 지식이라는 생각은 착각입니다. 많은 직장인이 자신이 해본 것, 실제 업무에서 느낀 '감'으로 일을 처리합니다. 그런 사람과 관련 내용에 대해 좀 더 깊이 있는 얘기를 해보면 금세 밑천을 드러냅니다. 깊이가 깊어질수록 차이는 점점 더 확연히 드러나는데, 상사들은 그런 모습을 보며 부하 직원을 평가하게 됩니다.

자기가 맡은 분야에서 최고의 전문가가 되어야 합니다. 직장인들 대부분이 자신이 그 분야의 전문가라는 생각을 하는데, 그들 중에서 자신의 분야를 꿰뚫어 보는 통찰력을 가진 사람은 별로 많지 않습니다. 스스로 '나는 내 분야의 전문가인가?' 하는 물음을 던져야 합니다. 자기가 하는 일로 생계를 해결하고 있다면 그 분야의 전문가여야만 합니다. 그러나 안타깝게도 수많은 직장인이 그렇지 못한 것이 현실입니다. 별다른 경쟁력이 없는 셈이지요.

Q   자신만의 롤 모델이 있다면 말씀해 주십시오.

A   제 아버지가 롤 모델입니다. 아버지는 평생 대학에서 후진을 양성하며 교수 생활을 해오셨습니다. 아버지께서 늘 강조하시던 것이 바로 정직입니다. 어릴 때부터 자식들의 의견을 존중해주셨고, 한 번도 공부하라며 잔소리하시는 모습을 본 적이 없습니다. 집에 계실 때는 늘 책을 가까이하셨고, 가정에 대한 책임감도 강하셨습니다. 저도 그런 아빠가 되려고 하는데 쉽지는 않습니다.

Q   직장인으로서 여러 분야를 경험하는 것과 한 분야에 매진하는 것 중 어느 쪽이 좋다고 생각하십니까?

A   여러 분야를 거치다 보면 전문가가 되기 힘듭니다. 하지만 한 분야만 파는 것도 좋지는 않습니다. 자신의 주요 분야를 확고히 하되, 관련된 여러 분야를 경험하는 것이 가장 좋은 시나리오겠지요. 젊었을 때는 당연히 여러 가지를 해봐야 합니다. 여러 가지를 경험해보면서 자신이 어떤 일을 잘하는지, 좋아하는지를 찾아야 합니다. 해보지 않으면 스스로 어떤 일을 좋아하는지, 어떤 능력을 갖추고 있는지 알 수 없습니다. 이때 중요한 것은 그 일들을 할 때 집중해야 한다는 점입니다.

Q   다시 대학 시절로 돌아간다면 무엇을 해보고 싶습니까?

A   좀 더 글로벌한 사람이 되고 싶습니다. 어디 가서든 적응할 수 있는 사람이 되어야 한다는 생각을 합니다. 여러 나라의 언어를 잘 구사하는 것도 많은 도움이 될 것 같습니다. 기본적으로 언어장벽을 넘어서야

나는 스타트업 대신 회사를 선택했다

글로벌한 사람이 될 수 있습니다. 글로벌한 마인드를 좀 더 일찍 가졌다면 삶의 반경이 훨씬 더 넓어졌을 것 같습니다. 아마 런던에서의 고생도 그렇게 심하게 겪지는 않았겠지요. 지금 대학생들은 이전보다 훨씬 더 좋은 환경에 노출되어 있으니 여러 가지 시도를 해볼 수 있을 겁니다. 어학연수나 인턴 등도 좋지만, 남들이 다 하는 것을 해서는 그들과 비슷한 수준밖에 되지 않습니다. 환경이 예전보다 더 좋아졌지만 그렇기 때문에 해야 할 것들도 더 많습니다. 그러고 보면 어느 때 어느 상황이나 비슷하다는 생각이 듭니다. 다른 사람들이 하지 않는 일을 먼저 해보는 자세가 필요합니다.

Q 진로문제로 고민하는 사람들이 많습니다. 어떻게 자기 일을 찾아야 한다고 생각하십니까?

A 누구나 자신이 잘할 수 있는 일이 분명히 있습니다. 그걸 찾아내는 것이 급선무입니다. 그러려면 되도록 많이 시도해봐야 합니다. 많은 경험을 해봐야 자기가 그 일을 좋아하는지, 자신에게 맞는 일인지 알 수 있습니다. 모든 선택은 스스로 경험해보고 아는 것 중에서 결정할 수밖에 없습니다. 따라서 좋아하는 일, 자신에게 맞는 일을 찾기 위해 다양한 경험을 쌓아야 합니다.

저는 금융업이 천직이라는 생각입니다. 만약 저와 같은 생각이 든다면 빨리 방향을 정하고 그 일에 매진해야 합니다. 간혹 업종을 넘나드는 사람들이 있는데, 자신이 좋아하는 일을 찾는 게 아니라 방향을 제대로 정하지 못해 이리저리 기웃거리는 경우가 대부분입니다. 이렇게 되면 제대로 되는 것 없이 시간만 낭비할 수 있습니다.

　제 대학동창들을 보면서 학교에서 공부를 잘하는 것과 사회생활을 잘하는 것은 다르다는 생각을 많이 합니다. 회사는 들어가기 전에 고민을 많이 하고 들어가야 합니다. 그리고 일단 회사에 들어간 뒤에는 쉽게 결정을 내리면 안 됩니다. 뭔가 좋은 점을 보고 들어왔을 테니 힘들더라도 견뎌내야 합니다. 저도 처음 회사에 입사하고 나서 갈등이 많았습니다. 하지만 그때 포기했다면 더 많은 것을 잃었을 겁니다. 금요일 저녁에 퇴근하면서 '이 회사에 다음 주에는 안 온다' 하는 생각을 수없이 반복하면서 마음속으로 사표를 썼습니다. 하지만 그때 잘 버틴 것이 경력을 쌓는 데 큰 도움이 됐습니다. 어느 회사든 문제는 있기 마련입니다. 일단 회사에 들어왔다면, '정말 아니다.'라는 판단이 들기 전에는 최선을 다해야 한다고 생각합니다.

Q　은퇴 후에 하고 싶은 일이 있다면 무엇입니까?

A　저는 역사에 관심이 많습니다. 여유가 있다면 아내와 함께 세계 곳곳을 다니면서 역사탐방을 해보고 싶습니다. 관심 있는 분야에 대해 심도 있는 연구를 하는 역사학자가 되고 싶습니다.

Q　본인에게 일이란 무엇입니까?

A　많은 사람이 일을 생계수단으로 생각합니다. 일정 부분은 제 경우에도 마찬가지입니다. 하지만 일을 생계수단으로만 생각하면 힘들어집니다. 제게 있어서 일은 '내게 만족감을 주는 것, 나 자신을 움직이는 원동

나는 스타트업 대신 회사를 선택했다

력'이라고 생각합니다.

Q 창업을 생각해본 적은 없습니까?

A 금융업은 큰 조직에서 진행하는 것이 중요합니다. 거대한 인프라가 움직이는 시장이기 때문에 조직과 함께하는 것이 효율적이라고 생각합니다. 그런 이유 때문에 창업을 진지하게 생각해보지는 않았습니다.

Q 직장인으로서 앞으로 꼭 해보고 싶은 일이 있다면 무엇입니까?

A 2008년 금융위기에 일본의 금융회사 '노무라'가 미국 금융회사를 인수하는 일이 발생했습니다. 아시아계 금융사가 미국이나 영국 등 본토 금융사를 인수합병한 일은 정말 대단한 사건입니다. 그들처럼 외국계 자본을 인수하는 회사를 만들어보고 싶습니다.

Q 금융권에 뜻을 둔 분들과 사회초년생에게 조언을 부탁합니다.

A 직장은 또 다른 학교입니다. 처음에 어디서 일을 시작하느냐가 굉장히 중요합니다. 아무리 좋은 학교를 나와도 어떤 회사에서 배우느냐에 따라 인생이 달라집니다. 저 역시도 현실에 안주한 채 사회생활을 시작했다면 글로벌 투자회사가 어떻게 돌아가는지 알지 못했을 겁니다. 개인적으로 경험한 몇 차례의 퀀텀점프도 없었을 것이고, 내 능력이 어느 정도인지 확인할 수도 없었을 겁니다. 제가 그나마 지금 이 자리까지 올 수 있었던 건, 좋은 회사에 들어가서 열심히 일하며 좋은 사람들을 많이 만난 덕분이라고 생각합니다. 학교에서 공부를 잘하는 것과 회사에서 일을 잘

하는 것은 별개라고 생각합니다. 어떤 사람이냐 하는 문제도 중요하지만, 환경의 차이도 무시를 못 합니다.

Q **금융부문 사회초년생에게 조언을 부탁드립니다.**

A 금융업은 여전히 잠재력이 크고 계속해서 새로운 분야가 생기고 있습니다. 역동적이라는 점도 매력적입니다. 전문가가 되면 다른 분야에 비해 명예와 부를 확실하게 보장받는다는 점 역시 무척 매력적이기 때문에 관심이 있다면 충분히 도전할만한 시장이라고 말하고 싶습니다.

09

기업이 나를 원하게 할 이력을 만들어라

•

심영철

Interview

심영철 웨스턴디지털코리아 본부장

웨스턴디지털은 1970년 창립한 미국의 스토리지 업체다. 2012년 히타치 하드디스크 드라이브 부문을 인수해 세계 최대의 하드디스크 드라이브 업체가 됐으며, 2015년에 플래시 메모리 업체인 샌디스크까지 인수해 세계 최대의 스토리지 업체로 거듭났다. 2019년 기준 매출은 165억 달러이며 직원은 6만2,000여 명에 달한다.

심영철 웨스턴디지털코리아 본부장은 창업과 전문경영인, 외국계 회사 임원 등 다양한 업무를 경험했다. 심 본부장은 1996년 세계 최초로 MP3 플레이어를 만든 디지털캐스트에 합류한 뒤, MP3플레이어 관련 부문에서 직장생활을 하다가 레인콤 자회사 유리온 대표를 거쳐 샌디스크코리아 이사로 근무하던 중 웨스턴디지털이 샌디스크를 인수하면서 웨스턴디지털코리아 임원으로 근무하고 있다. 직장인으로서 업무에 임하는 자세로 항상 정공법을 택하는 그는 '자신이 좋아하는 일'을 끊임없이 추구하고 있다.

심영철 본부장은 어떤 분야의 일을 하건 전문적인 업무 능력을 확보하

는 것이 중요하다고 말했다. 이전에는 어떤 직장에 입사하느냐가 직장인의 운명을 좌우했다면, 앞으로는 직장에서 어떤 전문성을 확보하는지가 더 중요하다는 것이 그의 생각이다. 특히 불확실성이 증폭되고 변화가 급격해진 최근 상황을 고려할 때, 업무 전문성이 직장인의 핵심 경쟁력이라고 조언했다.

심 본부장은 기업환경이 급변하는 만큼, 직장인들도 이에 대비해야 한다고 강조했다. 대기업 중심의 기업환경은 언젠가 변화할 수밖에 없으며, 국내에서의 경쟁이 아니라 모든 분야에서 해외 기업과 경쟁하는 구도로 바뀔 것으로 내다봤다. 그는 앞으로 "기업이 스카우트해서 함께 일하고 싶은 인재가 되려면 무엇을 준비해야 하는지 생각해봐야 한다."고 말했다.

Q 사회초년생 때 이야기부터 듣고 싶습니다.

A 1996년에 대학 친구가 디지털캐스트라는 MP3플레이어 업체에서 같이 일하자고 해서 직장생활을 시작했습니다. 이후 미국 디지털콘텐츠 업체 리오포트 한국지사장, MP3 플레이어 제조업체 소닉블루를 거쳐 2003년 레인콤 자회사 유리온 대표를 맡았습니다. 이후 샌디스크로 옮겨 한국시장 메모리 관련 일을 했습니다. 지금은 명칭이 웨스턴디지털코리아로 바뀌었습니다.

Q 한국 회사와 외국계 회사를 두루 경험하셨는데, 회사마다 문화나 업무방식의 차이가 있다면 무엇입니까?

A 업무문화에서 가장 큰 차이는 새로운 것에 대한 접근방식이라고 생각합니다. 나라마다 차이가 있어서 어느 쪽이 절대적으로 좋다고 이야기할 수는 없습니다. 미국 회사의 경우 새로운 아이디어나 기회를 봤을 때 긍정적인 시각으로 접근하는 장점이 있습니다. 하지만 우리나라에서는 새로운 아이디어를 듣는 순간 부정적인 것, 그것이 왜 안 되는지에 대해서 생각합니다. 조심스러운 정도를 넘어 새로운 것의 가능성을 모두 차단해버린다는 단점이 있습니다.

이런 업무의 차이가 미국을 소프트웨어 강국으로 만든 것이 아닌가 싶습니다. 소프트웨어는 무에서 유를 만드는 일이며, 불가능한 것을 가능하게 만드는 일입니다. 이런 부문에서는 긍정적인 사고방식이 결과적으로 중요한 차이를 만듭니다. 또, 가장 크게 느끼는 차이는 외국계 기업은 책임 소재가 명확하다는 점입니다. 특히 미국 회사에 있는 사람들은 자신이

나는 스타트업 대신 회사를 선택했다

할 일과 다른 사람이 할 일을 구분하고 책임소재를 분명히 합니다. 반면 우리나라 회사들은 일이 잘못됐을 때 누가 책임을 져야 할지에 대해서 불분명한 경우가 많습니다.

국내 업체 중에 삼성이 급격하게 성장한 이유도 이와 같은 맥락이라고 생각합니다. 사업부 중심으로 움직이는 삼성의 조직은 책임 소재가 명확하고 실적에 따른 평가를 하기 때문에 자연스럽게 조직을 긴장시키고 경쟁을 만드는 구조입니다. 또, 시장점유율이나 판매목표 등 수치를 명확히 하는데, 국내 중소기업 중에는 목표가 모호하거나 구체적이지 못한 경우가 많습니다. 모호한 목표는 회사의 자원을 집중하지 못하게 만듭니다. 목표를 달성하지 못해도 술 한번 같이 먹고 끝내는 경우가 많지요.

Q 국내 기업 구조나 문화에 개선이 필요한 점은 무엇일까요?

A 물론 우리나라 기업들도 장점이 있습니다. 하지만 구조적으로 고쳐야 할 일도 있지요. 특히 우리나라에서는 기업을 하다가 한번 실패를 하면 인생 전체를 극단으로 몰아가는 경우가 많습니다. 사업에 실패하면 일어설 수가 없습니다. 대표가 무한 책임을 지기 때문에 기업 간 채무 관계가 생기면 대표의 집을 압류당합니다.

이런 환경에서는 기업들이 제대로 된 영업활동을 하기가 어렵습니다. 문제가 있는 회사는 적절한 방법으로 거르면 되는 것이고, 자본력이 취약하지만 발전성이 있는 회사는 일어설 수 있는 환경을 만들어 주어야 합니다. 우리나라는 금융권에서 투자라는 개념보다 개인의 인생을 담보로 사채를 하는 것 같습니다. 투자자는 아무런 위험도 지려 하지 않습니다. 담보가 있고 운영자금이 있으면 기업에서 은행에 돈을 빌릴 필요가 없지요. 하지만 국내 금융권에서는 연대보증을 비롯해 대표에게 무한한 책임을 지게 만드는 구조로 되어있습니다. 이런 상황에서는 창의력을 가진 사람들이 새로운 것을 하기보다 문제를 피하는 데 집중합니다. 물론 의도적으로 돈을 떼먹고 가는 사람을 막는 방법은 필요합니다. 하지만 현재 구조에서는 자본력이 있는 사람들이 창의력이 있는 사람들이 만든 것들을 어떤 방법을 쓰든지 송두리째 가져가는 구조입니다. 이런 부분은 개선이 필요하다고 생각합니다.

자본 중심적인 영업활동을 하면 돈에 집중돼 악의적인 행동을 더 합니다. 또 투자가뿐만 아니라 회사 구성원들까지 회사 운영에 대한 도덕적 해이에 대해 당연하게 생각합니다. 아이러니하지만, 금융권에서 투자받은 일부 중소기업인들이 어떻게든 돈을 빼돌리려는 것도 조금은 이해됩니다. 이 같은 상황에서 회사원들은 제대로 된 역량을 펼치기 어렵습니다. 우리나라 투자자들은 10억을 투자해서 100억을 버는 모델보다, 100억을 투자해서 150억을 버는 모델을 더 선호하는 것 같습니다. 어떻게 보면 기업들을 대상으로 사채업을 하는 것이지요.

Q **근무환경도 많이 바뀔 것으로 생각하시는지요?**

A 그동안 우리나라는 산업화를 거치면서 급속하게 성장해 왔습니다. 어쩌면 우리 세대는 직장인으로 살기 좋은 세대입니다. 하지만 대기업이 시장을 주도하면서 건전한 중소기업이 줄고 다양성이 파괴된 측면도 있습니다. 이 때문에 대기업에서 근무하는 사람들은 그 안에서 보호를 받지

나는 스타트업 대신 회사를 선택했다

만, 그 외에는 치열한 경쟁을 해야 하는 어려운 상황입니다. 미국 같은 경우에는 다양한 기업들이 성장하고 사라지기를 반복하면서 자연스럽게 자정작용이 생기지만, 우리나라는 그런 것들이 부족합니다.

이렇게 다양성이 없는 환경에서는 현재 국내 산업을 주도하고 있는 삼성전자, LG전자, 현대자동차 같은 업체들이 외국 업체의 공격을 받으면 산업이 한순간에 무너질 수 있습니다. 특히, 빠르게 성장하는 중국업체들은 카피캣을 넘어 우리나라 업체들이 가지고 있는 시장을 공략할 것입니다. 제 생각에는 우리 다음 세대 직장인은 중국업체에서 일하는 비중이 상당히 늘어날 것입니다.

우리나라 기업이 자생력을 갖추기 위해서는 기업 간 노하우를 공유하고 그것을 바탕으로 핵심 경쟁력을 키워나가야 합니다. 그런데 이런 부분들이 대기업 중심 문화 때문에 어려움을 겪고 있습니다. 그런 이유로 중소기업들이 성장하려면 국내가 아니라 해외를 대상으로 사업해야 하고, 직장인들도 이 같은 변화를 따라잡기 위해 글로벌 마인드를 키워야합니다. 웨스턴디지털은 하드디스크드라이브와 메모리 부문의 원천기술을 많이 가지고 있는데, 이처럼 원천기술을 확보한 업체가 시장에서 훨씬 유리한 환경이 계속 확대될 것입니다. 국내 기업들은 이런 변화에 주목해야 합니다.

Q 직장생활을 하면서 후회되는 일이 있다면 무엇입니까?

A 이전 직장인 유리온에 있을 때 느꼈던 것인데, 사람 관리하는 일에 대해 어려운 점이 많았습니다. 제가 사람을 많이 관리할 때 70명까지 해

봤는데, 저는 조직에 순응하기보다 독자적으로 움직이는 스타일입니다. 군대에 속한 군인이 아니라 혼자 다니는 칼잡이 같은 형태로 업무를 해왔습니다. 그런 특성 때문에 조직사회의 문화나 특성에 대해 모르는 부분이 많았습니다. 그런 상태에서 조직을 움직여야 하니 팀워크를 끌어내고 리더십을 발휘하는 것이 약했습니다. 어렸을 때 대학교 동아리 활동도 열심히 해보고, 대기업에 들어가 직장생활도 했다면 그런 부분에서 잘하지 않았을까 하는 생각도 해봅니다.

또, 직장생활을 하면서 '인간관계에는 정치가 필요하다.'라는 사실을 뼈저리게 느꼈습니다. 그동안 저는 '직장에서도 내가 열심히 하면서 살면 된다'라는 생각을 하고 있었습니다. '진인사대천명'이라는 생각에 솔선수범하는 것이 중요하다고 생각했습니다.

하지만 사람들이 모였을 때는 인간관계를 풀어낼 수 있는 역할이 필요했습니다. 똑똑하고 능력 있는 사람들이 모여 있으면 회사가 잘 운영될 것 같지만, 성과가 생각만큼 나오지 않을 때도 있습니다. 사람들의 능력을 모아서 힘을 발휘할 수 있게 조율하는 것이 중요합니다. 어떻게 보면 이것이 정치의 일부분이라고 할 수 있지요. 이전 직장생활을 돌아보면 '그런 부분들을 좀 더 신경 썼으면 좋지 않았을까?' 하는 생각이 듭니다.

열심히 했다고 생각했는데도 불구하고 결과가 안 나올 때의 원인을 찾아보면 대부분 정치적인 문제가 있었습니다. 직원들의 업무를 조정하고 방향성을 정해주는 것도 마찬가지였습니다. 처음에는 열심히 일 잘하는 사람만 뽑아놓으면 될 줄 알았습니다. 하지만 업무와 무관하게 정치적인 이유 때문에 발생하는 일들이 있었습니다. 그러다 보니 정말로 똑똑한 사람들을 모아놨는데 결과는 예상만큼 나오지 않았습니다.

우리나라 회사에서는 어떤 조직에 들어가서 누구 뒤에 줄을 서는지, 누구와 손을 잡는지가 중요합니다. 하지만 그렇게 하면 단절이 발생합니다. 어느 것 하나를 선택하는 순간 다른 것들은 다 버려야 합니다. 반면 미국 회사에서는 선택하되 다른 것을 버릴 필요가 없었습니다. 자신의 성과를 높이기 위해서도 상대방을 배척하는 것이 아니라 다른 사람들과 친해져야 합니다.

Q 다른 분야로 이직하고 싶은 생각은 없습니까?

A 그동안 제가 근무한 회사들은 운이 좋게 어딘가 가서 찾은 것이 아니라, 재미를 느낄 수 있는 일을 해가는 과정에서 발견했습니다. 다른 회사들의 제안을 받기도 하지만 지금 하는 일보다 재미를 주는 일은 없었습니다. 하지만 나에게 목적의식과 즐거움 그리고 의미를 주는 일이 있다면 가야겠지요.

가서 뭔가 찾아야 하는 건 어려운 일이지만, 좋아하는 일을 찾아서 하는 건 좀 더 쉬운 일입니다. 물론 대신에 다른 사람보다 열심히 알아보고, 여러 가지 경험을 해봐야 합니다.

예전에 MP3플레이어 회사를 만들 때, 네오위즈 창업자가 같이 일을 하자고 제의한 적이 있습니다. 하지만 저는 채팅사이트를 좋아하지도 않았고, 나중에 했던 게임사업도 큰 관심이 없었습니다. 그때 선택을 달리 했더라면 지금보다 더 부자가 됐을 수도 있겠지요. 그랬다면 아파트와 차는 바뀌었겠지만, 인생이 달라지지는 않았을 것 같습니다.

Q 직장인으로서 고민이 있다면 무엇인지요?

A 모든 직장인이 비슷한 생각을 할 것입니다. 본질적인 것은 직장이라는 것은 남의 회사에서 일하는 것이기 때문에 '언제까지 남을 위해 살 것인가?' 하는 문제입니다. 외국계 기업을 다니는 사람이라면 '언제까지 외국기업을 위해서 살 것인가?'라는 문제도 생각해 볼 수 있을 것입니다.

직장에 몸담고 있으면 심리적으로 안정을 찾을 수 있습니다. 하지만 앞으로 평균수명이 더 길어진다는 사실을 고려한다면, 특정 직종에 있는 사람들을 제외하고는 언젠가는 회사에서 나가서 자기 일을 찾아야 할 것입니다.

우리나라에서도 이제는 훌륭한 기업인이 많이 나와야 한다고 생각합니다. 그러기 위해서 모두가 사장이 될 필요는 없습니다. 사장뿐 아니라 임원 등도 전문적인 업무 능력이 있어야 합니다. 특정 시장 또는 세계시장에서 통하는 중소기업들이 더 많이 나와야 합니다. 이를 위해서 직장에서 업무의 전문성을 확보하는 것이 중요하다고 생각합니다. 특히, 중소기업으로 회사를 옮긴다면 대기업은 할 수 없는 일을 찾아야 합니다. 지금은 대기업 중심의 기업환경이지만 변화는 오게 되어있습니다. 자신을 객관화하고 '내가 경영진이라면 왜 나를 고용해야 하는가?'라고 생각해 볼 필요가 있습니다.

직장인들도 이제 경쟁력을 키워야 합니다. 대기업, 중소기업 상관없이 나를 채용하고 싶은 이유를 만들어야 합니다. 현재 직장에서 내가 사라지고 바로 다른 사람으로 대체할 수 있는 업무를 하고 있다면 장기적으로 진로를 고민해야 합니다.

하지만 직장인은 변화를 만들어내기가 쉽지 않습니다. 오히려 창업이나 이직은 내부적인 변화보다 외부적인 변화에서 오는 경우가 많습니다. 예를 들어 자신은 일을 잘하고 있는데, 어느 날 외부의 변화가 와서 업무가 바뀌거나 사라지는 경우입니다. 외부에서는 끊임없이 변화가 일어나고 있고, 변화가 정점에 달할 때 본인이 원하든 원하지 않든 그것을 받아들여야 합니다. 그것을 기회로 삼을 수도 있겠지요. 중요한 점은 변화는 언제든 올 수밖에 없고, 그 변화를 기회로 삼기 위해서는 경쟁력을 가지고 있어야 한다는 것입니다.

Q   창업도 해보셨는데, 다시 창업하고 싶은 생각은 없으신지요?

A   사업은 '이건 사업의 형태가 아니면 안 된다.'라는 확신이 들 때 해야 한다고 생각합니다. 단순히 회사가 다니기 싫다거나 막연히 자기 사업을 하고 싶다고 해서 시작하면 어려움을 겪을 수밖에 없습니다.

Q   직장인으로서 경력관리에 대해 어떻게 생각하는지요?

A   사실 저는 운이 좋게도 이력서를 제대로 써본 적이 없습니다. 대부분 일을 하다 보면 주변에서 누가 다가와서 "함께 일하고 싶다."라고 제의했습니다. 제가 필요하고 저를 필요로 하는 좋은 환경에 노출되어 있었던 것이지요. 저는 언제나 새로운 일을 찾다 보니, 처음 시작해서 배운 것이 많습니다. 다우에서 인턴을 할 때도 처음이었고, 기존의 가전제품에 소프트웨어와 컴퓨터를 연동하고 싶어했습니다. 그 다음에 음악 서비스를 하고 싶을 때는 그 업계로 이동해서 관련 업무를 배울 수 있었습니다.

직장인들은 경력관리보다 뭔가 새로운 것에 임했을 때 적응하는 능력을 키울 필요가 있습니다. 앞으로는 기존의 일보다 새로운 환경에서 벌어지는 일이 많을 것입니다. 모든 사람이 새로운 환경, 즉 익숙하지 않은 것과 싸움을 하는 환경이 만들어질 것입니다. 이런 과정에는 아이디어로 할 수 있는 일들이 많습니다. 오랫동안 변하지 않았던 산업들도 새로운 환경을 맞아 새로운 기회들이 생길 것입니다. 이를테면 자동차 산업과 같은 부분입니다. 예전에는 관련 업계가 원가와 브랜드 경쟁이었지만 이제는 아이디어가 있는 사람과 기업이 성공할 수 있는 환경으로 바뀔 것입니다.

Q 직장인으로서 성공한다는 것은 어떤 의미일까요?

A 저마다 목표가 다를 테니 성공에 대한 기준도 다르다고 생각합니다. 국내에서 직장인으로 성공하기 위해서는 아주 운이 좋거나, 독하거나 아니면 원래 돈을 많이 가지고 있어야 합니다. 제게 있어서 성공의 의미는 재미있는 일을 통해서 내가 원하는 수준의 판을 벌이는 것이라고 할 수 있을 것 같습니다. 상상한 것을 기획하고 실천하면서 재미를 느낍니다. 제가 처음 일할 때는 우리나라 업체가 해외에서 성공하기 상당히 힘들었습니다. 하지만 인터넷과 스마트폰이 등장하면서 새로운 기회가 만들어졌습니다. 새로운 시장에 재빠르게 대응하는 것은 우리나라 업체들이 잘하는 부분이기 때문에 좋은 기회라고 생각합니다.

Q 본인에게 있어서 일의 의미는 무엇인지요?

A 내가 좋아하는 일을 하는 것이라고 생각합니다. 현재 근무하고 있

나는 스타트업 대신 회사를 선택했다

는 웨스턴디지털도 그렇게 선택한 것입니다. 하지만 이 부분은 사람마다 다를 수 있다고 생각합니다. 제게 있어서 일은 재미와 연관되어 있습니다. 정말로 해야 하는 일이 있다고 생각되면 수입이 줄어들어도 할 것 같습니다. 빨리 은퇴하고 싶은 생각도 없고 죽을 때까지 일하면서 살 것 같습니다. 하지만 농사 같은 일을 할 생각은 없습니다. 제가 하는 일의 결과가 제 의지나 노력과 상관없이 자연에 의해 좌우되는 일은 하고 싶지 않기 때문입니다.

제 경우에는 새로운 것을 탐색하는 것이 좋습니다. 남들이 생각하지 않는 것을 만들어내고 생각하는 것도 좋아합니다. 자신이 좋아서 한다면 그건 일이 아니라 일종의 놀이나 삶의 한 부분이라고 생각합니다.

만약 누군가가 저에게 "지금부터 휴지를 팔아라."라고 말한다면 그건 하고 싶지 않을 것 같습니다. 하지만 그 휴지가 보통 휴지가 아닌 새로운 휴지, 이를테면 '하이테크 휴지'라고 한다면 팔 수 있을 것 같습니다. 기존에 없던 것, 시도하지 않았던 것에 매력을 느끼기 때문입니다. 업무가 새로운 방향을 향한 것이라면 해볼 만할 것 같습니다.

Q 사회초년생들에게 조언하고 싶은 말이 있다면 무엇입니까?

A 글로벌 시장에 눈을 뜨라고 이야기하고 싶습니다. 싱가포르나 홍콩에서 글로벌 기업이 탄생하는 것은 애초부터 해외시장을 목표로 사업하기 때문입니다. 창의적인 아이디어를 가지고 글로벌 무대에 부딪혀 보라고 하고 싶습니다. 아니면 적어도 그런 것들을 경험해본다면 자신이 어떤 업무를 하는지 많은 도움이 될 것으로 생각합니다. 세상에 재미있는 일들

이 많은데 그냥 시간을 보내기에는 너무 아깝지 않습니까? 시장이 어떻게 움직이는지, 세상에서 어떤 일이 일어나는지 잘 파악하고 그 안에서 자신이 원하는 일을 끊임없이 찾아보라고 하고 싶습니다.

나는 스타트업 대신 회사를 선택했다

10

완벽하지 않아도 두려워 말고 도전하라

•

고시나

Interview

고시나 에이알컴 대표

　고시나 대표는 1990년대 후반 인터넷 기업에 입사한 이후, 해당 분야 글로벌 기업을 거치면서 쌓은 경력과 경험을 바탕으로 쇼핑 콘텐츠 서비스 플랫폼 기업인 에이알컴을 창업한 여성 CEO다. 그녀는 1997년에 야후코리아의 전신인 소프트뱅크 인터넷 팀에 입사해 검색 서비스와 엔터테인먼트 콘텐츠 분야에서 업무 경력을 쌓았다. 이후 검색 광고를 사업 모델화한 오버추어 코리아를 거쳐 나스닥 상장사이자 빅데이터 기반 광고 플랫폼의 대표 주자인 크리테오 한국지사로 자리를 옮겨 대표까지 오른다. 이후 안정적인 자리를 떠나 그동안의 경험을 바탕으로 에이알컴을 창업해 운영 중이다.

　고 대표는 남성 중심의 회사 문화를 극복하기 위해 성과 중심으로 업무를 추진해 주위로부터 인정을 받으며 차근차근 성장했다. 업무 성과와 주변 사람들의 좋은 평판을 바탕으로 이직을 했고, 직장인의 꿈 중 하나인 외국계 기업의 한국 대표까지 맡게 된다. 그녀의 성공 비결은 어떤 일이든 자신 있게 최선을 다해 성과로 입증하는 것이었다.

나는 스타트업 대신 회사를 선택했다

　고 대표는 자신에게 맞는 일과 회사를 찾아내기 위해 다양한 분야에 관심을 두고 재교육과 경험을 통해 발전해야 하며, 적극적으로 업무 전문성을 확보할 필요가 있다고 이야기했다. 이직에 대해서는 매우 적극적인 편이어서, 직장인이라면 누구나 더 나은 회사와 업무를 적극적으로 탐색해야 하며, 원하는 회사와 업무를 구하기 위해 주위에서 인정할 수 있을 정도의 능력을 키워야 한다고 말했다.

Q 직장 경력을 간단히 설명해주십시오.

A 대학을 졸업하고 TV 프로덕션 업체에서 일을 시작했습니다. 이후 1997년에 야후코리아의 전신인 소프트뱅크 인터넷 팀으로 입사했습니다. 국내 인터넷 시장 활성화에 맞춰 야후코리아 법인이 설립되면서 주요 서비스인 검색, 엔터테인먼트 팀을 거쳤습니다.

야후코리아 이후에는 세계 최초로 검색광고를 만든 오버추어 코리아로 옮겨 한국 사업을 시작할 때 매체 제휴 업무를 담당했고, 그때 다양한 기업들의 온라인 비즈니스를 경험했습니다. 그 뒤에는 옥션(현 이베이코리아)의 셀러 광고 플랫폼을 제공하는 포럴톤이 해외에 진출할 때 해외사업 부문을 담당해서 이베이 홍콩과 야후 재팬 제휴를 진행했습니다. 이후 프랑스 빅데이터 기반 타게팅 광고업체 크리테오가 한국에 진출하면서 설립한 크리테오코리아로 옮겨 대표이사까지 맡았습니다. 현재는 여러 기업의 경험을 토대로 에이알컴이라는 쇼핑 콘텐츠 마케팅 플랫폼 기업을 창업해서 대표를 맡고 있습니다.

Q 학교를 졸업하고 첫 직장은 어떻게 정하셨나요?

A 첫 직장은 우연히 인연을 맺었습니다. 같은 동네에 살고 있던 한 유명한 PD께서 프로덕션을 운영하고 계셨는데, 거기에 취직해서 프로덕션에서 진행하는 다큐멘터리 프로젝트와 관련한 잡다한 섭외와 자료조사를 맡았습니다. 그러던 중에 PC통신 천리안 게시판에 소프트뱅크 인터넷 팀에서 직원을 뽑는다는 공고가 올라왔습니다. 지금이야 야후나 소프트뱅크가 유명한 기업이지만, 당시에는 업계 일부만 아는 기업이었습니다. 구

나는 스타트업 대신 회사를 선택했다

인 구직 플랫폼도 없었던 시절이라 인터넷에 흥미를 느낄만한 사람들이 모인 천리안 게시판에 구인 광고가 올라온 것이지요.

그때는 인터넷을 지금처럼 쉽게 쓸 수 있던 시절이 아니었습니다. 인터넷을 하려면 돈이 많이 들었고, 속도도 느렸습니다. 그런데 '소프트뱅크 인터넷 팀에서 직원을 선발합니다.'라는 글을 보고 '일하면서 공짜로 인터넷을 쓸 수 있겠다.'라는 생각이 들어서 지원을 했습니다. 지금이야 말도 안 되는 일이지만, 당시만 해도 초고속 인터넷을 공짜로 쓸 수 있다는 사실이 신세계처럼 여겨졌습니다. 예전 검색엔진 사이트는 사람들이 일일이 콘텐츠를 확인하고 링크를 걸고, 카테고리를 편집했습니다. 그런 일을 담당하는 사람을 서퍼(Surfer)라고 불렀습니다. 저는 야후코리아에서 서퍼로 근무하게 되면서 인터넷 업계에 들어왔습니다.

본격적인 온라인 서비스 업무는 야후코리아 설립 후에 경험하게 되었습니다. 처음에는 검색과 엔터테인먼트 부문을 담당했습니다. 당시에도 '언젠가 나중에 사업을 하겠다.'라고 생각하고 있었기 때문에, 그 일을 하면서 내심 '나중에 사업할 때 도움이 되겠다.'라고 막연하게 생각했습니다. 그렇게 업무를 하던 중 다음(현 카카오)이 경쟁 상대로 빠르게 성장하면서, 야후코리아는 회사 차원에서 위기감을 느꼈습니다. 그래서 각 부서에서 추천을 받아 신사업 개발팀을 만들었고, 저도 참여해 서비스 기획을 맡았습니다.

2001년까지 야후코리아에 근무하다가 대학원에 진학했습니다. 그런데 한 학기도 지나지 않아 야후코리아에서 같이 일했던 상사가 오버추어 한국지사를 만든다고 합류하지 않겠느냐는 제의를 해왔습니다. 대학원에서 공부를 계속하는 것도 좋았지만, 더 재미있는 일을 할 수 있을 것 같아서 오버추어코리아에 합류해 매체 제휴를 담당했습니다. 2004년에는 오버추어코리아에서 네이버와 글로벌 1위 규모의 계약을 맺었는데, 그 프로젝트를 담당하는 등 개인적으로 업무적인 역량을 크게 키울 수 있었던 시기였습니다. 그러다가 이전에 같이 일했던 분이 프랑스 온라인 광고 플랫폼 기업인 크리테오가 한국에 지사를 만들 예정인데, 함께 일할 생각이 있느냐고 제의를 했습니다. 기존에 한계가 있던 광고 상품을 데이터로 다르게 접근하는 방식에 흥미를 느껴 크리테오코리아 설립에 참여했고, 이후 본사로부터 성과를 인정받아 대표까지 맡았습니다.

Q 주로 지인이나 상사의 제안으로 이직하신 셈이로군요.

A 그렇습니다. 운이 좋게도 저는 이직할 때 구직사이트를 이용해본 적이 없습니다. 회사에서 업무를 파악하고, 사업을 키우고, 개인적으로 더 성장하거나 배울 수 있는 부분이 없겠다는 생각이 들 때쯤 이전 동료나 상사가 새로운 기회에 함께 하자고 제안하면서 운 좋게 이직할 수 있었습니다.

Q 한 회사에서 계속 전문성을 쌓는 것이 좋지 않았을까요? 이직을 결심한 특별한 이유가 있었습니까?

A 저는 새로운 것, 시작하는 것을 좋아하고 새로운 영역을 기존 영역과 접목하여 크게 성장시키는 과정을 잘하는 사람 같습니다. 제가 일했던 회사들이 새로운 부문에 진출해서 그런지 몰라도 새로운 서비스를 만

들거나, 새로운 사업 영역에 진출하는 부분에 흥미를 느꼈고, 성공적으로 안착했을 때 성취감을 느꼈습니다. 이직의 경우도 새로운 것을 배울 수 있고, 새로운 시도를 해볼 수 있다고 생각되면 무작정 진행했습니다. 물론 전문성을 쌓을 수 없는 다른 방향으로 이직한 건 아니고, 기존 업무와 어느 정도 중첩되지만 추가로 다른 부분을 결합해 확장하는 그런 형태로 이직했습니다. 그래서 이직의 성과가 좋았다고 생각합니다.

Q 크리테오에는 어떻게 합류하게 되셨나요?

A 오버추어에서 같이 일했던 분께서 크리테오 코리아가 설립되면서 지사장으로 가시게 됐습니다. 그런데 그분은 기술 지원 쪽을 담당하던 분이라, 제가 사업과 영업 쪽으로 도움을 드리게 되었습니다. 기본적으로는 오버추어와 마찬가지로 온라인 광고 업체지만 검색 기반이 아니라 사용자 데이터를 분석해서 광고하는 새로운 분야였습니다. PC, 태블릿, 모바일 등 크로스 플랫폼이라는 새로운 개념을 들고 나왔고, 당시 스마트폰 시장이 커지면서 새로운 시도를 다양하게 추진하고 있었습니다. 크리테오 코리아에서 다양한 고객사를 확보하고 사업을 확장하는 일이 재미있었습니다. 당시 시도했던 일들이 여러 부문에 걸쳐 성과를 내게 되었고, 본사에서 인정을 받아 대표직에 오르게 되었습니다.

Q 글로벌 기업의 한국지사 대표를 그만두고 창업을 하게 된 계기는 무엇인가요?

A 이전 회사와 마찬가지로 크리테오 코리아도 사업기반이 갖춰지고 안정적으로 성장하게 되었습니다. 이전에 목표로 했던 미디어, 주요 온라

인 업체와의 제휴도 거의 진행했고, 제가 목표한 부분을 어느 정도 이뤘다는 생각에 그만두었습니다. 한국지사를 설립하고 대표직까지 수행하는 동안 과중한 업무를 맡다 보니 체력적으로 지치기도 했습니다.

잠시 쉬면서 나만의 사업 아이템을 구상하고 있었는데, 여러 산업환경 변화와 글로벌 트렌드를 분석하면서 증강현실(AR)과 3D 콘텐츠를 온라인 커머스와 연결하면 좋겠다는 생각이 떠올라 2017년 에이알컴을 창업했습니다.

Q **평생직장 개념이 사라지고 있는데, 직장인으로서 불안감은 없으셨는지요?**

A 모든 사람은 불안감을 가지고 있습니다. 그리고 이런 문제는 어쩔 수 없는 것으로 생각하고 자연스럽게 받아들여야 할 것 같습니다. 대기업이나 공기업을 다니는 사람들도 불안감을 가지고 있고, 정도는 다르지만 이직과 창업 및 퇴직에 대해서 저마다 고민이 있습니다.

회사를 평생 다닐 수는 없기 때문에 어느 정도 나이가 들면 퇴직 후에 무엇을 해야 할지 생각해야 합니다. 지금 좋은 회사에 다닌다고 해도 그 회사가 영원할 수는 없으니, 이후에도 지속할 수 있는 생활 방법을 찾아봐야 합니다.

Q **몇 번의 이직 후 창업을 하셨는데, 어려움은 없으셨는지요?**

A 당연히 부담이 있었습니다. 기존에 근무했던 회사들은 새로운 사업을 하거나 지사를 만든다고 해도 물적, 인적으로 지원받을 수 있는 든든한 본사가 있었습니다. 제가 근무했던 회사들은 한국에는 잘 알려져 있지

나는 스타트업 대신 회사를 선택했다

않지만 이미 나스닥에 상장했거나, 상장할 정도의 여력이 있고 자본도 풍부하고 비즈니스 모델도 명확한 좋은 회사들이었습니다. 이를 바탕으로 좋은 인력도 손쉽게 선발할 수 있었습니다. 그런데 제가 직접 하니 채용부터 급여나 운영비 등에서 부담을 느끼게 됐습니다.

어떤 회사의 대표라고 말하면 다들 부러운 시선으로 바라보지만, 직원으로 일할 때와 대표로 일할 때는 전혀 다른 책임감을 느끼게 됩니다. 직원으로 일할 때는 일만 잘하면 되는데, 고용주가 되는 순간 일과 경영을 모두 책임져야 합니다. 이전에는 정해진 범위에서 성과를 내면 됐지만, 대표가 되는 순간 책임이 무한대로 바뀌는 것입니다. 그리고 직원으로 근무할 때는 상상하지 못했던 다양한 부가적인 업무에 대한 부담도 느끼게 됩니다. 회사에 다닐 때는 지원부서에서 다 해결해주는 일이지만 창업을 하면 어느 정도 규모가 되기 전까지 본인이 다해야 합니다. 무엇보다 사업의 미래와 비전을 생각하고, 비전과 전략에 맞춰 사람들을 설득하고, 일을 계획대로 진행해야 하는 부분에서 직원과 대표의 역할은 근본적으로 다릅니다.

Q 상상했던 것과 실제 사이에 차이가 컸군요.

A 완전히 달랐습니다. 무엇을 상상하든 그 이상이었습니다. 제가 기존에 일했던 분야는 온라인 기반 회사였기 때문에 비효율적인 부분을 최소화하려는 경향이 있었습니다. 그런데 창업을 하니 어쩔 수 없이 들여야 하는 시간과 과정이 너무 많았습니다. 하지만 어느 정도 시간이 흐르니 점점 익숙해지더군요.

Q 창업을 후회한 적은 없었습니까?

A 힘들고 어려운 일도 있지만, 그래도 후회는 없습니다. 제가 모든 것을 결정하고 모든 책임도 제가 질 수 있기 때문입니다. 이전에 직원으로 회사에 다닐 때는 제가 결정할 수 있는 부분이 한정적이었고, 제 생각과 다른 데도 회사의 결정이니 따라야 하는 일도 있었고, 업무와 상관없이 책임도 천차만별이었습니다.

대표가 되니 제가 생각하는 대로 원하는 대로 추진할 수 있었습니다. 물론 생각했던 그대로 100% 결과가 나오는 것은 아니지만, 그래도 회사에 다닐 때 느꼈던 답답한 부분을 건너뛸 수 있다는 점만큼은 만족합니다.

Q 창업이나 운영에 필요한 자금은 어떻게 조달하셨습니까?

A 정부 지원 자금이나 스타트업 지원 펀드와 정책이 잘 되어있는 만큼, 좋은 아이디어를 토대로 사업계획서를 잘 써서 추진하면 잘 풀릴 거라고 막연하게 생각했습니다. 하지만 실제로 그렇게 구현하기는 어렵습니다. 다행히 저는 운 좋게 신용보증기금과 주변 투자를 통해 적지 않은 자금을 조달할 수 있었습니다. 만약에 그런 지원을 받을 수 없는 상황이었다면 창업이 아주 어려웠을 것으로 생각합니다.

제가 투자자를 만나보고 느낀 점은 정말 좋은 기술과 아이디어가 있어도 실제로 투자를 받기는 몹시 어려운 일이라는 것입니다. 신문과 방송에서 성공한 창업자들의 이야기를 쉽게 볼 수 있습니다. 하지만 미디어에는 운영자금을 마련하지 못해 쩔쩔매는 창업자의 사례는 거의 나오지 않습니다. 또 투자자들은 쉽게 투자를 하지 않습니다. 특히 소프트웨어나 서

나는 스타트업 대신 회사를 선택했다

비스 부문은 눈에 보이는 영역이 아니라서 투자에 신중한 경향이 강합니다. 그래서 창업자라면 해당 부문에 전문지식이 없는 투자자를 설득할 수 있을 정도의 준비와 설명이 필요합니다. 투자를 끌어내는 것은 업무를 잘하는 것과 별개의 영역이라는 생각이 들었습니다.

Q 창업을 준비하는 사람에게 하고 싶은 조언이 있다면 무엇입니까?

A 창업하는 사람은 본인이 어떤 사람이고 어떤 일을 잘할 수 있는지 파악해야 합니다. 사람에 따라서 본인이 잘하는 것이 있고, 하고 싶은 일이 있을 것입니다. 예를 들면 잘하는 분야가 분명히 있는데 정작 사업으로 하기 싫은 일이 있을 것이고, 하고 싶은데 잘 모르거나 익숙하지 않은 분야가 있을 것입니다.

대부분의 창업자는 숙련도와 상관없이 본인이 하고 싶은 것을 선택하는 경우가 많습니다. 그런데 실제로 자신이 하고 싶은 것을 했을 때 어려움을 겪는 상황이 많이 생깁니다. 생각만큼 원활하게 진행되지 않거나 충분히 시장에서 받아들일 정도가 아니기 때문입니다. 외부에서 바라보면 전문가가 아닌데 '왜 기존에 잘하는 업무를 놔두고 새로운 부문을 시작할까?'라고 생각할 수도 있습니다. 그리고 새로운 분야이기 때문에 당연히 성과를 내는 데도 시간이 오래 걸릴 것입니다. 그래서 최대한 자신이 잘하는 부문을 중심으로 시작하는 것이 좋을 것 같습니다.

자금에 대한 계획도 좀 더 세심하게 준비해야 합니다. 왜냐하면 언제나 계획대로 안되기 때문입니다. 제 창업 초기를 돌아보면 충분히 지원을 받았다고 생각했는데도 어려움을 겪었습니다. 자금 부문은 계획대로 되는 것이 하나도 없었습니다. 자신의 계획이 제대로 진행되지 않았을 때를 고려해서 다른 계획으로 대응해야 합니다. 그리고 이게 아니다 싶으면 과감하게 처음부터 다시 하는 것도 필요합니다. 버티면 잘될 것으로 생각하는 사람도 있습니다. 그러나 그냥 버티는 것이 아니라 어떻게 버틸지, 그것이 가능한지도 충분히 생각한 뒤에 추진해야 합니다.

무엇보다 중요한 것은 정신력입니다. 대표들은 어렵습니다. 남들은 이해할 수 없는 부분까지 고민해야 합니다. 대표를 해봐야 알 수 있는 어려움이 존재합니다. 세상에는 뭔가를 꼭 해봐야 아는 것과 안 해봐도 대충 짐작이 가는 일들이 있습니다. 그런데 대표의 어려움은 해봐야 깨달을 수 있는 부분입니다. 저도 대표를 하기 전에는 몰랐던 부분이니까요. 대표들끼리 친한 이유도 회사 규모와 상관없이 서로 공통적인 어려움을 나누고 공감할 수 있기 때문입니다.

개인적으로는 대표를 해보니 몹시 나쁜 일만 있지도 않고, 아주 좋은 일만 있는 것도 아니었습니다. 이런 상황에서 평정심을 유지하기 위해 좋은 일은 적당히 기뻐하고, 안 좋은 일도 적당한 선에서 조절할 수 있는 여유를 갖는 것이 중요하다고 생각합니다.

Q 다시 신입사원으로 돌아간다면 미래를 위해 무엇을 준비하고 싶습니까?

A 저는 회사에 다닐 때 늘 전력을 다했다고 생각하기 때문에 회사생활에 대한 후회는 없습니다. 회사에 다닐 때는 최선을 다하고 이직을 하기 전에 푹 쉬면서 충전을 했습니다. 그리고 다시 열심히 일했습니다. 그래도 혹시 신입으로 돌아간다면 영어를 좀 더 잘하고 싶긴 합니다. 영어

나는 스타트업 대신 회사를 선택했다

이외에도 다른 외국어도 하나쯤 더 할 수 있다면 좋을 듯합니다.

Q 직장인의 재교육에 대해서 어떻게 생각하시는지요?

A 재교육은 직장인이 아니라도 꼭 필요하다고 생각합니다. 평균수명이 증가하면서 이제 직장인들은 더 많은 기간 일해야 합니다. 나이가 들고 세월이 흐르면서 업무방식과 환경도 바뀌어 가기 때문에 변화에 대응할 수 있는 교육을 받아야 합니다.

예전에는 직장에 들어가서 열심히 일하면 노후까지 걱정하지 않아도 됐습니다. 이제는 자신이 알아서 이후의 삶을 위해 어떤 경력과 경험을 쌓을지 결정해야 합니다. 학교에서는 정해진 과정에 따라서 공부를 하고 그에 따른 성적표를 받지만, 직장인의 다음 역할은 아무도 알려주지 않습니다. 미래를 위한 준비가 온전히 개인의 몫입니다. 이미 사회가 구조적으로 변하고 업무 환경이 급변하고 있어서 직장인뿐만 아니라 모든 사람이 새로운 기술과 변화에 대해 알아야 합니다. 그리고 변화 속에서 본인이 어떤 부분에서 역할을 맡아야 할지 생각하고 대비해야 합니다.

하지만 개개인이 준비하기 어려운 부분도 있습니다. 예를 들어 핀란드는 인공지능(AI)을 중요하고 꼭 알아야 할 내용으로 판단하고 전 국민을 대상으로 교육하고 있습니다. 인공지능이 무엇이고 전체 사회에서 어떻게 작동하는지 등 기본적인 교육을 온라인으로 제공합니다. 누구나 이해하기 쉽게 인공지능이 무엇이고 어떤 식으로 작동하는지, 자기 일에 어떤 변화를 일으킬지 알 수 있도록 돕습니다. 이런 부분은 개인이 감당하기 어렵기 때문에 정부 차원에서 지원하는 것이 좋은 것 같습니다.

Q 전반적인 업무 경력을 온라인 서비스 및 디지털 마케팅 분야에서 쌓았는데, 해당 부문의 매력은 무엇입니까?

A 마케팅은 제품이나 서비스를 사람들에게 설득하고 가치를 전달하는 일입니다. 기존에는 오프라인 중심으로 진행했기 때문에 소비자들이 좋아하는지, 실제로 효과가 있는지에 대해 제공자가 추측할 수밖에 없었습니다. 소비자의 반응도 어느 정도 파악할 수 있을 뿐이지 제한적이었습니다. 하지만 온라인에서는 이력이 남기 때문에 추적과 분석을 할 수 있습니다. 여기에 스마트폰이 대중화되면서 실시간으로 자세히 반응을 확인하고 분석할 수 있게 됐습니다.

기업으로서는 이전보다 소비자를 이해하기 더 어렵고 대응하기 힘든 상황으로 바뀌었습니다. 기업은 변화한 환경을 활용해서 전통적인 광고 대신 상품과 서비스를 직접 여러 매체와 방법을 활용해 소개하고, 소비자에게 바로 판매까지 할 수 있습니다.

이제는 광고의 성격이 바뀌고 있습니다. 밀레니얼 세대는 광고도 콘텐츠로 인식합니다. 광고가 콘텐츠가 되고, 곧바로 구매로 이어지는 커머스가 되기도 합니다. 이런 추세는 앞으로 더 강해질 것입니다. 이제 광고와 콘텐츠, 커머스를 명확하게 구분하기 어렵습니다. 이는 기술이나 환경이 바뀌면서 자연스럽게 나타나는 현상입니다. 어떻게 보면 혼란스러울 수도 있는데, 반대로 새로운 기회가 될 수 있다는 점에서 매력적입니다.

Q 대학생으로 돌아간다면 무엇을 해보고 싶습니까?

A 놀아야지요. 노는 것이 중요합니다. 제가 대학생 때는 술도 많이 마

나는 스타트업 대신 회사를 선택했다

시고, 친구들과 함께 놀러 다니고, 관심이 있는 것을 배우러 다니는 등 이것저것 닥치는 대로 많이 해봤습니다. 지금 돌이켜보면 그렇게 했던 일들이 쓸데없는 것이 아니라 그 일의 잘됨과 안됨과 상관없이 어떤 식이든 제 삶과 커리어에 영향을 미쳤던 것 같습니다. 그래서 쓸데없다고 생각되는 것이라도 관심이 있으면 해보는 게 좋은 것 같습니다. 아무것도 안 하는 것보다는 낫습니다.

요즘에는 자신의 경력에 도움이 안 되는 것들을 명확하게 구분하고 그 외에는 피하려고 하는 경향이 있는데, 관심이 있다면 경력과 관계없어도 해보면 좋을 것 같습니다. 그리고 운동은 많이 하는 것이 좋습니다. 무엇을 하더라도 체력이 뒷받침되어야 하고 싶은 만큼 할 수 있습니다. 몸을 움직이면 체력만 좋아지는 것이 아니라 새로운 아이디어가 생기고 스트레스도 줄어들고 확실히 자극이 되니 좋은 것 같습니다.

Q 여성이라서 어려웠던 부분은 없었습니까?

A 당연히 있습니다. 직장 자체가 남성 중심이다 보니 중요한 일들을 남자직원에게 맡기는 경향이 있었습니다. 그리고 여성 직장인을 이끌어 줄 여성 상사가 없다는 점도 아쉬웠습니다. 회사에 들어가 보니 관리직 중에 여성이 거의 없었습니다. 아무래도 여성 상사가 있으면 회사생활에서 도움을 받거나 조언을 더 얻을 수 있었을 텐데 남자직원에 비해서 그런 기회를 얻기 어려운 점이 있었습니다. 대신 좋은 상사분들을 많이 만나 성별에 상관없이 도움이 되는 조언을 많이 얻었습니다.

그리고 상대적으로 저는 다른 여성 직장인에 비해 차별을 덜 받았던 것 같습니다. 아마도 외국계 기업, 인터넷 기업인 것이 큰 이유 중 하나였다고 생각합니다. 기본적으로 저는 회사에서는 성과를 통해 인정받아야 한다고 생각했기 때문에 남자직원보다 더 높은 성과를 내기 위해 노력했습니다. 하지만 여전히 우리나라 기업들은 어느 정도 남성 중심의 기업문화를 가지고 있기 때문에 여성 직장인들이 더 어려운 상황이라고 생각합니다. 예를 들어 출산을 하고 돌아오니 다른 업무를 맡긴다든가, 회사가 여성이라서 배려를 한다며 원하지 않는 부서로 이동시키는 일들이 여전히 있는 것으로 알고 있습니다.

Q 회사를 그만두고 싶었을 때는 없었습니까?

A 그만두고 싶었을 때도 잦았지요. 직장인이 회사를 그만두고 싶을 때는 여러 가지 이유가 있습니다. 하는 일이 마음에 들지 않을 때도 있고, 더 성장할 수 없을 것 같다고 느꼈을 때, 같이 일하는 사람이 마음에 들지 않았을 때, 본인이 일한 만큼 인정받지 못했을 때 등 다양합니다. 그런데 실제 대부분의 직장인은 상사나 동료 등 같이 일하는 사람 때문에 그만두거나 이직을 하는 경우가 많은 듯합니다.

그래서 처음에 회사를 정할 때는 그런 문제를 해결할 수 있는 제도와 장치가 있는 회사에 들어가는 것이 좋습니다. 규모가 어느 정도 있는 회사나 업계 선두 회사는 그런 문제를 적극적으로 해결하는 편입니다. 최근 이직이 잦아지는 경향이 있지만, 그래도 업무에 충분히 익숙해질 정도의 기간이나 적어도 해당 업무에 대해서는 한 사이클을 채워서 이직하는 것이 좋다고 생각합니다.

Q 직장인이 한 분야의 전문가가 되는 것이 좋을까요? 아니면 여러 분야를 두루 경험하는 것이 좋을까요?

A 성향과 상황에 따라 다른 것 같습니다. 한 가지 분야를 파고드는 성격이라면 전문분야를 잘 선택해서 오랫동안 진행하는 것이 좋을 테고, 다양하게 경험하고 여러 분야를 엮어서 운영하는 것을 잘하고 좋아하는 사람은 다양한 분야를 경험하고 지식을 쌓아야겠지요. 그 사람의 성향에 따라 대응이 달라야 한다고 생각합니다.

Q 이직에 대해서는 어떻게 생각하시는지요?

A 예. 이직은 아주 중요하고 꼭 필요하다고 생각합니다. 일반적인 직장인이라면 이직을 새로운 기회로 활용할 수 있을 것 같습니다. 회사도 본인에게 잘 맞는 회사가 있고, 업무도 잘 맞는 업무가 있습니다. 이직을 해보지 않으면 모르는 부분입니다. 또, 이직에도 스킬이 필요합니다. 이직에 필요한 것이 무엇이 있는지, 이직하면서 얻어낼 수 있는 것은 무엇이고 포기해야 하는 것은 무엇인지 꼼꼼히 따져봐야 합니다.

저는 적극적으로 이직을 원해서 진행한 경우는 아니지만, 이직을 통해 많은 것을 알게 됐습니다. 이직은 완전히 새로운 것보다 기존에 일했던 사람, 지인을 통해 진행되는 때도 잦습니다. 경력자를 뽑을 때 가장 우려되는 것이 업무 능력과 충분히 성과를 낼 수 있는지, 회사의 문화에 잘 어울리는 사람인지 여부인데, 그런 부분이 함께 일하면서 이미 검증됐기 때문입니다. 고용주는 일하는 스타일이 어떤지, 다른 직원과 함께 잘 어울릴 수 있는지 예측할 수 있으니 결정하기가 더 쉬워집니다. 그래서 직장인은 업무 능력과 함께 주위 평판도 아주 중요합니다.

회사들이 공개채용이나 구직사이트와 별개로 여전히 내부 추천제도를 운용하는 이유도 평판 때문입니다. 이미 회사에 잘 적응하고 있는 사람의 추천이라면 어느 정도 검증된 사람이라고 생각하기 때문입니다.

Q 직장 내에서 인간관계로 어려움을 겪는 사람이 많습니다. 어떻게 해야 할까요?

A 인간관계도 사람 나름입니다. 어떤 사람은 직장 내 인간관계를 중시해서 업무의 의미로 두는 사람도 있습니다. 저는 직장은 일하는 곳이고 그러기 위해서 모인 사람들이기 때문에 인간관계는 어느 정도 선이 필요하다고 생각합니다. 이상적인 직장 내 인간관계는 업무에서 서로 자극을 받고, 배우면서 같이 성장하고 발전하는 관계라고 생각합니다. 하지만 너무 직장 내 인간관계에만 몰입하는 것은 역효과가 난다고 생각합니다. 서로를 존중하고 배려해줘야 회사와 개인 모두 발전할 수 있습니다.

Q 직장생활을 하면서 멘토가 있었습니까?

A 특별하게 누구를 꼽기보다는 일을 하면서 만났던 상사들이 멘토였습니다. 동료 중에도 그런 사람이 있었고요. 지금도 제 친한 친구들은 일하면서 만난 사람들입니다. 업무와 관련해 상의하고 가끔 조언을 해주는 남편도 중요한 멘토 중 한 명이라고 할 수 있습니다. 저에게 좋은 영향을 주는 모든 사람이 멘토입니다.

Q 사회초년생이셨을 때와 비교해 회사의 의미가 달라진 부분이 있다면 무엇일까요?

A 많이 달라졌습니다. 제가 회사에 입사했을 때는 회사가 개인의 인생을 대부분 책임지는 구조였습니다. 한번 입사해서 오래 다니는 것이 당연시되었습니다. 개인생활과 회사생활이 구분되지 않던 때였습니다. 회사가 어려워지면 직원들이 똘똘 뭉쳐서 회사의 어려움을 극복해야 한다고 생각했습니다. 하지만 이제 회사가 개인의 인생을 책임져주지 않기 때문에 개인과 회사의 구분이 명확해진 것 같습니다. 좋은 방향은 개인과 회사가 각각 발전할 수 있는 형태가 되는 것이 좋겠지요.

Q 스트레스 해소는 어떻게 하시는지요?

A 운동을 합니다. 운동이 가장 좋은 것 같습니다.

Q 어떤 회사를 만들고 싶으신가요?

A 기본적으로 회사가 꾸준히 성장하고 개인도 성장할 수 있는 회사입니다. 회사에서 만들어 낸 성과를 개개인이 함께 나눌 수 있었으면 좋겠습니다. 직장인이 회사에서 보내는 시간은 매우 많은 부분을 차지합니다. 그런데 그 많은 시간 동안 마음에 안 드는 사람과 마음에 안 드는 일을 한다는 것은 괴로운 일입니다. 행복하지 않은 인생이겠지요. 회사에서 경제적인 부분도 해결하면서, 개인에게 도움이 되고 회사 전체에도 도움이 되는 구조를 만들고 싶습니다. 그렇지만 흔히 말하는 가족 같은 회사는 지양합니다. 가족은 가족이고, 회사는 회사라고 생각합니다. 회사생활과 개인생활은 구분되어야 합니다.

Q 창업하고 싶어하는 직장인에게 조언한다면 어떤 것이 있을까요?

A 창업하겠다면 되도록 일찍 시작하는 것이 낫습니다. 나이가 어리면 불리한 점도 있겠지만, 만약 원하는 대로 되지 않아도 충격이 작습니다. 다시 회사로 돌아갈 수도 있고, 체력도 뒷받침될 테니까요.

창업을 꿈꾸는 사람이라면 언젠가 창업을 할 것으로 생각합니다. 예전보다는 창업비용과 위험도 상대적으로 작아졌습니다. 그리고 처음 시작할 때는 거창하게 하기보다 작게 시작했으면 합니다. 작게 시작하면 시행착오를 많이 줄일 수 있습니다.

Q 여성 직장인들에게 하고 싶은 이야기가 있다면 무엇입니까?

A 이전보다 많이 좋아지기는 했지만, 여전히 여성이 직장에서 일할 때 어려움을 겪는 경우가 많습니다. 그런 상황에서는 여성이 자신의 능력을 최대한 발휘할 수 없습니다. 저는 무엇보다 자신감을 가지라고 말하고 싶습니다. 열 가지 능력이 필요한 업무의 지원자를 뽑을 때, 남자들은 하나만 가지고 있어도 일단 신청을 하는데, 여성은 아홉 가지를 가지고 있어도 하나가 없어서 신청하지 않는 경우가 있습니다. 남자와 여자의 성향 차이 때문일 수도 있지만, 제 경험상 여성들은 충분히 잘할 수 있는데 본인 스스로 엄격한 경우가 많은 것 같습니다. 그래서 어떤 새로운 변화나 도전이 있을 때 조금 어려울 것 같은 일이라도 일단 자신 있게 해보라고 권하고 싶습니다.

좋은 인간관계는 좋은 능력보다 중요하다

이혁준

Interview

이혁준 전 타거스코리아 대표

　이혁준 전 타거스코리아 대표는 사업을 하다가 IT업체에서 직장생활을 시작해 5년 만에 직장인의 꿈인 외국계 회사 대표자리에 올랐다. 이 대표는 1999년 웹에이전시를 설립해 사회에 뛰어든 뒤, 컨설팅 회사, 제이텔, 아이리버, 올림푸스를 거쳐 IT기기 액세서리 업체인 벨킨코리아 대표가 된다. 그는 벨킨코리아를 국내에 성공적으로 안착시킨 뒤에 애니모드, 제누스 등 IT 주변기기 업체를 거쳐 타거스코리아 대표에 올랐다.

　이혁준 대표는 자신이 원하는 회사로 이직할 수 있었던 이유가 "업무 능력과 회사동료들 및 업무를 하면서 만났던 사람들에게 전달했던 이미지가 좋은 평판을 만들었기 때문"이라고 밝혔다. 그는 "직원을 뽑을 때 경력뿐만 아니라 이전 회사에서 왜 나오려고 하는지, 어떤 평판을 얻었는지가 중요합니다. 아무리 업무 능력이 뛰어나도 주변 사람들의 평이 좋지 않다면 다시 한번 생각해보게 됩니다. 이는 부하 직원뿐 아니라 저에게도 해당하는 사항입니다."라고 말했다.

　이혁준 대표가 평판을 중요시하는 이유는 장기간 여러 사람 사이에서

형성된다는 점 때문이다. 학교의 성적표는 짧은 시간 벼락치기로도 변할 수 있지만, 평판은 오랫동안 천천히 여러 사람의 인식 속에 쌓여가며 형성되는 것이기 때문에 업무경력 못지않게 중요하다는 것이다. 그는 현재 그동안의 경험을 바탕으로 IT 관련 제품을 제조, 유통하는 1인 기업을 운영 중이다.

Q 어떻게 직장생활을 시작하셨는지 궁금합니다.

A 처음 시작은 대학생 때입니다. 친구들과 벤처기업을 창업했습니다. 학교에 다니면서 매킨토시용 소프트웨어를 개발하는 '매직시스템스'라는 회사를 만들어서 운영하다가 군대에 갔습니다. 제대하고 나서 1999년 3월부터 웹에이전시를 만들어 2년 정도 운영하다가 문을 닫았습니다. 그때가 마침 닷컴 붐이 일었을 때인데, 야후의 CEO인 제리 양이 저에게 "내가 야후라는 검색엔진을 만들었는데 회사를 검색 서비스에 등록해 주겠다."라는 메일을 보내왔을 정도로 인터넷 초기 시절이었습니다. 지금 생각하면 상상도 할 수 없는 일이지요. 그때 4명이 창업을 해서 직원이 20명까지 늘어나기도 했습니다.

당시 인터넷이 도입되고 각 기업이 경쟁적으로 홈페이지를 만들던 때라 수요는 많은데 인력이 없었습니다. 20~30페이지짜리 홈페이지를 만들어 주고 2,000~3,000만 원을 받을 수 있었습니다. SKT 유무선 웹사이트를 만든 적도 있는데 2억 원 가까이 받았던 것 같습니다. 지금 보면 터무니없는 금액과 일이었지만, 그때는 웹에이전시 초기였기 때문에 그게 적정한 가격이었습니다. 하지만 이후에 웹에이전시들이 많이 생기면서 상황이 급속히 안 좋아졌습니다. 그 당시 전략을 잘 만들었으면 지금 월급쟁이 생활을 하지 않았을 수도 있었을 겁니다.

당시 저는 프로젝트마다 무조건 높은 가격을 고수했습니다. 웹에이전시뿐만 아니라 디지털카메라 사진을 온라인으로 올리면 웹에서 인화까지 해주는 엔진도 만들었는데 처음에는 대기업을 대상으로 1억 원을 불렀다가 협상이 길어지면서 결국 처음 가격에서 한참 내려간 3천만 원에 판매

나는 스타트업 대신 회사를 선택했다

했습니다. 들인 노력에 비하면 형편없는 가격이었지요. 이후 웹에이전시들이 우후죽순 격으로 생기고 닷컴 붐이 꺼지면서 순식간에 업무가 줄고 프로젝트 가격도 낮아졌습니다.

점점 경기가 안 좋아지고 더는 회사를 유지할 수 없어서 문을 닫았습니다. 그 당시 제가 대표를 맡고 있었는데, 무슨 일을 해야 할지 몰랐습니다. 회사 경험이 없어서 영업의 중요성을 몰랐습니다. 다른 창업자들도 다들 나이가 비슷한 제 친구들이었기 때문에 역시나 뭘 해야 할지 잘 몰랐습니다. 이전까지는 알아서 일이 생기고 수익률도 높았기 때문에 별문제가 없었는데, 경기가 안 좋아지자 곧바로 업무에 차질이 생겼습니다. 뭘 해야 할지도 모르고 종일 사무실에 앉아있었습니다. 다른 사장님들이 월급날이 돌아오는 게 두렵다고 하던 얘기를 실감할 수 있었습니다. 더는 끌어가기 어렵겠다는 생각에 회사를 정리하고 다른 회사에 들어가서 배워보기로 마음을 먹었습니다.

Q 회사를 정리한 이후에는 어떤 일을 하셨나요?

A 회사를 정리하고 당시에 참여하던 광고·홍보 관련 모임을 통해 마케팅컨설팅 회사에 입사한 뒤, 7개월 정도 화장품업체 등 여러 곳의 컨설팅을 했습니다. 하지만 회사에 들어가고 조금 있으니 고민이 생겼습니다. 컨설팅회사에 계속 있으려면 석사학위가 있어야 할 것 같은데 공부는 하기 싫었고, 컨설팅으로는 기업의 의사결정에 영향을 주는 데에 한계가 있다는 생각이 들었습니다. 그래서 직접 제조업체에 들어가서 일을 배워야겠다는 생각을 했습니다.

이후 LG전자, 펜텍앤큐리텔을 비롯한 제조업체 면접을 30~40차례 정도 봤습니다. 그러다가 우리나라 최초로 PDA를 만든 제이텔이라는 회사에 합격했습니다. 제가 처음 입사했을 당시, 회사에서는 '셀빅XG'라는 PDA 신제품의 출시를 준비하고 있었습니다. 스마트폰의 시초와도 같은 제품이었습니다. 이 제품에 들어갈 디지털카메라 모듈과 MP3 모듈을 만들어야 했는데, 제가 그 일을 맡게 되었습니다.

디지털카메라 모듈을 만들고 시험 삼아 사진을 찍어보니 색이 좀 이상하게 나오더군요. 그래서 원하는 색상을 만들어내기 위해 사진을 수백 장 찍고 바로잡으면서 당시로서는 매우 획기적인 제품이 완성됐습니다. 하지만 높은 가격 때문에 잘 팔리지는 않았습니다. MP3 모듈도 비슷한 이유로 판매가 지지부진했습니다. 결과적으로 두 모듈 모두 잘 팔리지는 않았지만, 저로서는 제품 양산에 대한 경험을 얻을 수 있는 좋은 기회가 되었습니다.

그 일을 마친 뒤에는 자원해서 상품기획팀으로 보내달라고 했습니다. 제품을 만드는 것은 어느 정도 감을 익혔으니 이번에는 제품을 직접 기획해보고 싶었습니다. 그래서 상품기획팀으로 자리를 옮긴 뒤, 컬러스마트폰인 'N110'이라는 제품을 만들기 시작했습니다. 당시 회사에는 셀빅XG 이외에도 다양한 프로젝트가 있었습니다. 코드명 '사가'라는 제품도 있었는데 윈도CE 플랫폼 스마트폰을 만들자는 계획이었습니다. 지금은 사전을 인터넷으로 검색하면 되지만, 당시에는 전자사전 같은 것을 써야 했습니다. 그래서 당시로서는 획기적인 사전기능이 있는 스마트폰도 기획했었습니다. 웹에이전시를 하면서 소프트웨어 개발을 경험했기 때문에 UI

나 전체적인 틀을 만드는 것에는 어느 정도 자신이 있었습니다. 하지만 이것도 결국 잘 안 되었습니다. 휴대폰은 대기업들이 주도하는 시장인데, 이 시장에 중소기업이 혈기로 뛰어들었지만 자금, 인력, 유통 등 여러 가지 측면에서 부족한 부분이 많아서 실패하고 말았습니다.

이런 일을 겪으면서 저는 중소기업의 한계에 대해 체감할 수 있었습니다. 애플같이 큰 업체는 누구도 만들어보지 못한 강력한 스마트폰을 만들 수 있는 역량이 있지만, 제이텔은 작은 회사였기 때문에 부품 수급부터 세세한 것 하나하나까지 직접 진행하는 어려움을 겪어야 했습니다. 기술적인 부분도 약했습니다. 제조상의 문제가 발생하면 작은 회사라서 그것을 해결하는 데 많은 힘이 들었습니다.

어찌 보면 제이텔은 너무 시대를 앞섰기 때문에 많은 어려움을 겪었던 것 같습니다. 스마트폰이 주목받기 10년 전이었으니까요. 그러는 동안 회사가 자금난에 봉착했고, 저는 입사한 이듬해에 구조조정을 하면서 정리해고됐습니다.

정리해고가 되기 전, 회사에서 저에게 연구소 쪽으로 가서 일해볼 생각이 있느냐고 물었습니다. 당시 회사에는 삼성동에 영업과 마케팅 부문이, 분당에 연구소가 있었는데 회사에서 배려해준 것입니다. 하지만 저는 연구원이 아니라 기획자였기 때문에 제안을 거절했습니다. 그게 제가 직장인으로서 택할 수 있는 첫 번째 갈림길이어서 많은 고민을 했지만 제 생각대로 결정했습니다. 사실 어떤 것을 선택해도 결과는 마찬가지였습니다. 연구소도 얼마 지나지 않아 문을 닫았기 때문입니다.

갑자기 정리해고를 당하니 당황스러웠습니다. 당시 저는 제이텔에서 연봉인상률이 높은 사람 중 하나였고 기획자였기 때문에 각 업무 담당자들이 어떤 일을 할 때 저에게 조언을 구하는 일이 많았습니다. 그런데 회사가 어려워지니 저도 정리해고를 당하는 처지가 된 것입니다. 회사 규모가 조금씩 줄어들기는 했어도 제가 정리해고 당사자가 될 줄은 전혀 예상하지 못했습니다. 집에 와서 얘기했더니 가족들이 놀랐습니다. 가족들은 제가 회사에서 나름대로 일을 잘하는 줄 알았는데 정리해고를 당했다고 하니 걱정을 많이 했습니다.

Q **정리해고 뒤에는 어떤 일을 하셨습니까?**

A 그 뒤에는 곧바로 다른 회사를 알아보러 다녔습니다. 해보고 싶은 일을 하자는 생각에 애플코리아와 애플 본사 쪽 자리를 알아봤습니다. 당시 셀빅에 갔던 것도 애플에서 만든 PDA 뉴턴을 보고 한국 PDA 업체로 간 것이었기 때문에 애플에 입사해서 새로운 제품을 만들어보고 싶었습니다. 하지만 지금 생각해보면 현실성이 없는 생각이었습니다. 애플코리아는 개발업무와는 사실상 관련이 없는 곳이니까요. 그렇게 여러 업체를 알아보다가 대만 스마트폰 회사에 선이 닿아서 그쪽으로 가려고 했습니다. 그런데 막상 면접을 가려는 날 이상하게도 가면 안 된다는 생각이 자꾸 들더군요. 느낌이 좋지 않아서 대만으로 면접을 보러 가는 날 비행기를 취소했습니다. 지금 생각해도 그때 제가 왜 그런 결정을 내렸는지 모르겠습니다. 그냥 예감이었는데 가면 안 되겠다는 생각이 들었습니다. 지금도 후회는 없습니다.

그 뒤로는 계속해서 면접을 보러 다녔습니다. 셀빅에서 스마트폰 관련

나는 스타트업 대신 회사를 선택했다

경험이 있어서 LG전자, 펜텍앤큐리텔도 면접을 봤습니다. 하지만 이때 면접은 그 회사에 입사하기 위해서는 아니었습니다. 대기업의 분위기가 어떤지 면접을 통해서 간접적으로 경험해보고 싶었을 뿐, 실제로 들어가고 싶은 마음이 없었습니다. 저는 대기업과 같은 큰 조직보다 중소기업이 더 맞다고 생각했기 때문입니다. 취업 준비생이나 경력직으로 이직을 준비하는 사람들도 면접은 자주 보는 것이 좋다고 생각합니다. 합격 여부와 상관없이 면접을 보는 것 자체가 경험이고, 새로운 자극이 될 수 있기 때문입니다.

제가 대기업을 싫어하는 이유는 제 아버지 때문입니다. 아버지께서 약 30년간 방송국에 근무하셨는데, 회사의 정치적인 이유로 좋아하는 일을 그만두셔야 했습니다. 그렇게 열심히 일하셨지만, 타의에 의해 그만두시는 모습을 보고 많은 생각을 했습니다.

아버지께서 업무 시간이나 강도에 비해 월급을 많이 받는 것도 아니라고 생각했습니다. 그렇게 수십 년간 열심히 일하셨지만 외부 변화 때문에 하루아침에 회사를 나와야 하는 것을 보고 '실력으로 인정받을 수 있는 기업에 가야겠다.'라고 마음을 먹었습니다.

그렇게 해서 입사를 결정한 곳이 아이리버코리아였습니다. 아이리버코리아는 레인콤(현 아이리버)의 영업조직으로 MP3플레이어 케이스, 암밴드 등 액세서리를 유통하는 업체였습니다. 당시 레인콤이 한창 잘나갈 때였는데, 아이팟을 만드는 애플과 비슷한 곳이었기 때문에, 관련 시장이 움직이는 것을 가까이서 볼 수 있었습니다. 하지만 이쪽도 일이 생각보다 쉽지 않았습니다. 특히 액세서리 영업이라는 이름으로 비윤리적인 부분이 있는 비즈니스였습니다. 그런 점이 저와 잘 맞지 않았습니다.

저는 애플 아이팟 관련 액세서리 시장을 보면서 아이리버도 액세서리 부문을 강화할 필요가 있다는 생각을 했습니다. 그래서 2005년 미국 소비자가전쇼(CES)에 가서 액세서리 업체들을 만났습니다. 당시 만난 업체들이 벨킨, 몬스터, XM시리우스 등이었습니다. 해외 업체들이 어떻게 움직이는지 확인할 수 있었고, 나중에 제가 회사를 옮긴 벨킨과 인연을 맺게 되는 일도 이런 과정에서 만들어졌습니다.

Q 어릴 적 해외에서 거주하신 걸로 알고 있는데, 해외 경험이 직장생활에 도움이 됐습니까?

A 초등학교 5학년 때부터 중학교 3학년 때까지 홍콩에 있었습니다. 그 기간에 외국어 실력은 많이 늘었습니다. 그 덕분에 업무를 하면서 영어로 의사소통하는 데는 문제가 없습니다. 사실 이 부분이 직장생활에서 큰 무기가 됐습니다. 영어가 가능하니 다른 사람에 비해 해외출장도 자주 갈 수 있었고, 더 많은 사람을 만날 수도 있었고, 좋은 기회를 많이 잡을 수 있었습니다. 회사에서 사용하는 영어는 학원이나 공부로 채워질 수 없는 부분이 있습니다. 이메일이나 컨퍼런스콜 등 업무에 필요한 영어를 많이 듣고 경험해 보는 것이 최선이라고 생각합니다.

Q 아이리버에서는 어떤 일을 하셨는지요?

A 앞서 이야기한 것처럼, 입사한 지 얼마 되지 않았지만 영어를 할 수 있다는 점 때문에 해외출장을 갈 수 있었습니다. 당시 회사 내에 영어를

잘하는 사람이 많지 않았습니다. MP3플레이어 액세서리 시장도 해외를 대상으로 하면 엄청나게 큰 시장이었기 때문에, 유명한 업체와 협력할 목적으로 회사에서 출장을 보냈습니다. 당시 다른 기업들을 만나면서 한국에서는 잡기 어려웠던 기회를 만들 수 있었습니다. 프리미엄 브랜드인 바자(VAJA) 같은 업체와는 상당히 깊은 얘기가 오고 갔습니다.

나중에 알게 된 일이지만 해외기업도 IT 주변기기 시장은 윤리적인 문제가 있었습니다. 하청업체에서 리베이트를 관행적으로 받기 때문에 제품 품질에 문제가 발생해도 제대로 대응하지 못 하는 일이 빈번했고, 이런 문제 때문에 스트레스를 많이 받았습니다. 해외기업은 다를 것으로 생각했는데, 어떤 면에서는 큰 차이가 없었습니다. 제 성격과 잘 맞지 않고 일에 대한 회의가 들어서 1년 반 만에 레인콤 생활을 청산했습니다.

Q 그 이후에는 어떤 일을 하셨습니까?

A 다시 면접을 보러 다녔습니다. 꾸준히 면접을 보러 다니고, 이력서를 썼습니다. 어떻게 될지 모르니 부지런히 돌아다니는 수밖에 없었습니다. 다른 건 모르지만 저는 면접을 보는 것 자체에 대한 부담이 없었습니다. 물론 처음부터 그런 것은 아니었습니다. 처음에는 긴장도 되고, 면접에서 무슨 소리를 하는지도 모를 정도로 당황했습니다. 하지만 면접을 반복하다 보니 그 분위기에 익숙해졌습니다. 능력과 상관없이 어떤 일이든 반복하면 익숙해집니다. 다른 분에게도 면접을 두려워하지 말라고 조언하고 싶습니다. 처음에는 어렵겠지만 다른 일처럼 지나고 나면 별일 아닙니다. 자신에게 더 잘 맞는 회사를 선택하려면 회사의 정보를 미리 알아

보는 것과 함께 면접경험도 쌓는 것이 좋습니다.

일단 기존에 하던 MP3플레이어 기획을 할 수 있는 업체를 찾고 있었는데 올림푸스에서 제안이 왔습니다. 당시 올림푸스는 MP3플레이어 사업을 새롭게 시작하려고 했는데, 무엇보다 디자인 면에서 다른 업체들에 비해 경쟁력이 있었습니다. 또 카메라 사업을 하고 있었기 때문에 메모리 구매력도 강했습니다. 유일한 문제는 MP3플레이어 부문 경험이 없다는 점이었는데, 신제품을 기획해보고 싶은 생각에 입사하게 됐습니다.

그때 올림푸스는 일본 냅스터와 협력해서 일본에서 99달러에 MP3플레이어를 출시하겠다는 계획이 있었습니다. 저는 돌비 프로로직 기술을 MP3플레이어에 넣어서 음악 성능을 부각한 제품을 생각하고 있었습니다. 이 때문에 당시 부품업체들과 미팅을 자주 했습니다. 하지만 문제는 기획한 제품을 양산하기 바로 전에 터졌습니다. 제가 기획한 MP3플레이어가 출시되기 전, 일본과 미국에서 이전에 출시한 MP3플레이어의 인기가 좋지 않았던 게 문제였습니다. 올림푸스는 값비싸기로 소문난 미국 슈퍼볼 광고에 MP3플레이어 신제품을 발표했지만 판매실적이 저조했습니다. 그 영향으로 제가 기획한 MP3플레이어의 양산도 미뤄졌습니다. 회사에서 카메라 관련 기술력이 있으니 MP3플레이어와 디지털카메라를 융합한 제품을 만들어 보자고 했지만, 현실성이 없었기 때문에 다시 미련 없이 회사를 나왔습니다.

Q **다시 구직해야 하는 상황이 왔군요.**

A 회사를 나온 뒤에는 아이리버 시절 알게 된 벨킨과 같은 IT 주변기

기 업체를 생각하고 있었습니다. 그런데 벨킨은 그동안 일 해왔던 유통업체 대신 한국에 사무소를 내고 싶어 했습니다. 벨킨에서 저에게 사람을 소개해 달라고 해서 아는 분을 소개해드렸는데, 그분께서 고사하셨습니다. 그러다가 제가 회사를 그만둔 상태니 벨킨에서 저에게 같이 일해보지 않겠느냐고 제의해왔습니다. 그래서 본사 담당자를 만나 얘기를 나누고 향후 5년간의 매출전략 등을 담은 사업계획서를 만들어 제출했습니다. 100페이지가 넘는 사업계획서였는데 정말 열심히 만들었습니다. 벨킨에서 아직도 이 사업계획서가 회자되고 있을 정도입니다.

사업계획서 덕분에 2006년 1월 1일부터 벨킨 한국사무소를 맡게 됐습니다. 이름만 사무소였지, 처음에는 재택근무를 했습니다. 하지만 집안에서 일하기에는 한계가 있어서 신사동에 저렴한 오피스텔로 옮겼습니다. 한 달에 50만 원이었는데 딱 책상하고 전화만 있었습니다.

관련 업계에 있는 분들이 외국 지사를 만들면 처음 석 달이 중요하다고 하시더군요. 그래서 100일간 매출을 빨리 올릴 방법을 고민했습니다. '단일 품목으로 1,000개 이상 파는 아이템 10종을 만들자.'라고 생각하고 키보드, 마우스, 공유기, 아이팟 액세서리같이 한 번에 많이 팔 수 있는 제품들을 묶었습니다.

어떤 일이든 목표를 갖는 것이 무척 중요하다고 생각합니다. 1,000개 이상 판매할 제품 10종을 만들겠다는 목표를 달성하기 위해 뭘 해야 할지 떠오르기 때문입니다. 가격을 조절하거나 시장 상황을 조사하는 등 해야 할 일들이 구체적으로 떠올랐습니다.

Q 한국사무소 대표를 맡은 뒤에는 어떤 일을 진행했습니까?

A 큰 기회라고 생각했습니다. 본사 입장에서도 한국은 전략적으로 중요한 나라였습니다. 삼성전자와 LG전자 같은 글로벌 기업에서 MP3플레이어와 휴대전화를 만들기 때문에, 여러 가지 협력사업을 도모할 수 있었습니다. 애플 아이폰을 보면 쉽게 이해할 수 있을 겁니다. 관련 액세서리가 하나의 사업을 이룰 만큼 어마어마한 시장입니다. 그래서 우선 삼성전자와 협력해 MP3플레이어 관련 액세서리를 만들기로 했습니다. 이를 위해 본사 대표와 디렉터들이 한국에 와서 상품기획부터 하나 하나 일을 진행했습니다. 일본과 중국보다 한국 사업이 잘돼야 본사로부터 신임을 얻을 수 있었습니다. 외국계 회사의 특징이 일은 엄청나게 힘들지만, 말이나 분위기로 직원들에게 스트레스를 주지는 않습니다. 초기에 큰 문제 없이 사업이 잘됐습니다.

Q 벨킨에서 나와서 경쟁업체인 타거스로 옮기셨는데, 그 이유는 무엇입니까?

A 아이러니하게 벨킨으로 저를 끌어들인 담당자와 사이가 나빠졌습니다. 그 때문에 다른 회사를 찾다가 벨킨과 비슷한 PC 주변기기 업체들을 거쳐 타거스로 옮기게 됐습니다. 타거스는 PC 관련 액세서리 중심 회사인데, 스마트폰과 같은 액세서리 시장이 커지자 이 시장에 진출하고 싶어 했습니다. 이런 요구에 제 경력이 적절하게 맞았기 때문에 이직할 수 있었습니다.

Q 비슷한 사업을 창업해보겠다는 생각은 하지 않았습니까?

A 벨킨에 입사하기 전에 무엇을 할지에 대해 고민을 많이 했습니다. 카페를 열고, 프랜차이즈 사업을 해보려고 계획을 세우기도 했습니다. 그때 가지고 있는 돈과 대출을 받아서 카페를 했다면 지금쯤 망했을 것 같습니다. 저는 스트레스에 약한 사람입니다. 업무 외에 경영에 대한 스트레스를 받아낼 수가 없었을 것입니다. 저는 이전에 창업했을 때도 사장들이 직원 월급 때문에 잠을 못 잔다는 것을 뼈저리게 느꼈습니다. 5~10명으로 운영되는 작은 회사라도 운영하기가 쉽지 않습니다.

많은 직장인이 창업을 꿈꾸지만, 생각만큼 쉬운 일이 아닙니다. 직장인들은 회사에서 받는 혜택을 과소평가하지만, 실제 회사를 떠나는 순간 회사에서 제공하는 유무형의 혜택이 많다는 것을 알게 됩니다. 은행 대출 금리부터 보험 가입, 외부의 달라진 시선 등 일만 시키는 것 같은 회사가 '정말 많은 것을 주었구나.'라는 생각을 할 것입니다.

창업할 때 충분한 자본이 있다면 업무에만 집중할 수 있겠지만, 직원들 생계를 책임져야 하기 때문에 부담감이 이루 말할 수 없습니다. 직원 10명이 좀 넘으면 월 5,000만 원 이상 이익이 나야 하는데, 순이익이 그렇게 나려면 매출은 훨씬 커야 합니다. 상대 업체에서 결제가 늦어져도 곤란한 일이 생깁니다. 이외에도 사무실 운영, 세금 등 해결해야 할 크고 작은 일들이 많습니다. 창업하면 나름대로 장점도 있지만, 모든 일을 신경 써야 하는데 그 모든 것들이 부담이 됩니다. 하지만 월급쟁이 사장은 그런 부담에서 어느 정도 벗어날 수 있습니다. 회사에서 배울 수 있는 것도 많습니다. 제 경우에도 벨킨과 타거스의 지사장으로 근무하면서 여러 가지 업무기술을 배울 수 있었습니다. 나중에 무슨 일을 하든 여러 회사에서 얻은 경험이 많은 도움이 될 것으로 생각합니다.

저는 창업자보다 월급쟁이 사장이 맞는 것 같습니다. 어느 정도 안정 단계에 있는 회사를 성장시키는 쪽이 제게 맞습니다. 회사는 생존·성장·안정 단계를 거치는데, 생존 단계에서 많은 어려움을 겪습니다. 물론 성장이나 안정 단계가 쉽다는 건 아닙니다. 하지만 생존에 대한 고민보다는 성장에 대해 고민하는 쪽이 제게는 더 쉬웠습니다.

제게 창업은 너무 힘든 기억입니다. 그래서인지 '혼자하는 사업이 아니면 하지 않는다.'라는 인식이 뇌리에 강하게 박혀 있습니다. 직장인 중에는 카페나 음식점 창업을 꿈꾸는 사람들이 많은데, 진입장벽이 낮은 사업일수록 위험도가 높다고 생각합니다.

Q **직장생활에서 중요하게 생각하는 부분은 무엇입니까?**

A 여러 가지 요인이 있겠지만 우선 직장에서는 상사를 잘 만나야 하는 것 같습니다. 어떻게 보면 어떤 업무를 맡는지보다 어떤 상사를 만나는지가 더 중요합니다. 자신의 업무와 연관된 상사의 모습에 자신의 미래가 보이지 않는다면 이직이나 업무 변경을 진지하게 생각해봐야 합니다.

Q **직장생활을 그만두고 싶을 때는 언제였습니까?**

A 좋아하는 일을 만난 사람은 정말 행운아입니다. 대다수 사람은 그 일을 찾지도 진지하게 생각하지도 않는 경우가 많습니다. 제 경우에는 내가 해야 하는데 하지 못하거나 할 수 없을 때, 또 내가 쓸모 있는 존재가 아니라고 느꼈을 때 회사를 그만두고 싶었습니다.

Q 이직에 대해서는 어떻게 생각하십니까?

A 이직이 더 활성화되어야 한다고 생각합니다. 종신 계약과도 같은 직장구조가 점점 사라지고 있습니다. 한 회사에 오래 근무한 사람보다 5년이나 10년마다 회사를 옮기는 사람의 연봉이 더 높습니다. 원래는 회사가 열심히 일하는 직원들에게 연봉인상을 해주는 것이 맞지만, 대다수 회사가 기존 직원에게는 규정에 따라 임금을 주고, 외부에서 영입한 사람에게는 높은 연봉을 제시합니다. 이는 회사의 구조적인 문제라서 현실적으로 바꾸기 힘든 부분입니다. 그래서 저는 직원들의 내부갈등을 줄이기 위해 임금구조를 명확히 해야 한다고 생각합니다.

Q 잦은 이직이 부담으로 작용하지는 않았습니까?

A 가족들에 대한 부담은 있었습니다. 아무래도 안정적인 생활이 필요한데, 이직으로 인해 생기는 어쩔 수 없는 공백이 부담됐습니다. 하지만 일단 한 회사에 오래 있으면 생기는 단점이 있습니다. 제 생각에는 가장 큰 부분이 연봉이라고 생각합니다. 한 회사에 오래 있는 사람보다, 경력을 쌓아서 옮기는 사람의 연봉이 높은 경향이 있습니다. 특히 외국계 기업이 이런 경향이 심합니다. 이런 분위기는 대기업을 시작으로 국내 기업에도 확산될 거라고 생각합니다. 공채 중심으로 이뤄졌던 서열이 무너지고 있으며, 주요 대기업에서 경력은 더 짧은데 연봉과 지위는 더 높은 사람들이 많아지고 있습니다. 기존 인력들은 이에 대한 상대적인 박탈감을 느낄 수밖에 없지만, 전 세계적인 추세이며 우리나라도 더 가속화 할 것으로 생각합니다. 그리고 한 회사에서 비슷한 업무를 계속하게 되면 매너

리즘에 빠진다는 문제도 있습니다.

특수한 경우가 아니라면 한 회사와 업무에서 경험할 수 있는 것은 3년 정도면 다 한다고 봅니다. 업무에 대한 적응도나 학습에 관한 것을 곡선으로 표현한다면, 1~3년까지는 급격히 높아지다가 이후 곡선이 급격히 완만해집니다.

사실 어떻게 보면 첫 번째 회사가 어려워지지 않았다면, 아마 이런 것들을 모르고 그 회사를 계속 다녔을지도 모릅니다. 하지만 첫 번째 회사가 망했고, 이후 옮겼던 아이리버는 회사 철학과 제 신념이 맞지 않았습니다. 이후 외국계 회사 업무를 하면서 어느 정도 적응을 했는데, 과도한 업무량과 스트레스 때문에 심신이 지쳤기 때문에 경력을 살릴 수 있는 다른 일을 찾았습니다. 지금 하는 일은 이전에 했던 일과 연관성도 있고, 제가 주도해서 업무를 할 수 있어서 훨씬 마음이 편합니다.

Q 구직을 위해 어떤 일을 하셨는지 궁금합니다.

A 구직은 그동안 자신이 업무를 통해서 쌓은 인간관계와 업무 능력을 평가받는 자리라고 생각합니다. 가장 중요한 것은 역시 인적 네트워크입니다. 신입사원이라면 이력서가 중요하겠지만, 경력직은 주변 사람들의 영향력이 훨씬 중요합니다. 앞으로도 만약 이직하거나 누군가를 선발해야 한다면 아는 사람들을 통해서 진행할 것으로 생각합니다.

Q 이직으로 배운 점이 있다면 무엇입니까?

A 제가 다섯 번 이직하면서 많은 것을 배웠습니다. 국내 기업은 국내

나는 스타트업 대신 회사를 선택했다

기업대로, 글로벌 기업은 글로벌 기업대로 배울만한 것이 있었습니다. 안정적으로 한 회사에서 오랫동안 한 가지 업무만 했다면 이렇게 많은 것을 배우지는 못했을 겁니다. 직장인으로서 연차에 맞는 경력, 경험을 쌓는 것이 중요하다고 생각합니다. 저는 제조, 유통, 마케팅 등 다양한 경험을 쌓았으니 이런 지식을 발휘할 기회가 온다면 좋겠습니다.

어떤 회사로 옮길지 고민하는 것보다 지금 회사에서 열심히 하는 게 중요합니다. 하지만 회사를 여러 번 옮기다 보니 언제든 회사를 옮길 수 있다고 마음먹는 것도 중요하게 생각되더군요. 직장인이라면 태연하게 그만두고 다른 회사로 옮길 수 있는 마음가짐과 준비가 필요합니다. 국내뿐 아니라 해외로도 쉽게 이직할 수 있을 만큼 환경이 많이 바뀌고 있으니까요.

Q 직장생활을 하면서 중요하게 생각하는 점이 있다면 무엇입니까?

A 주위 사람들의 '평판'이라고 생각합니다. 눈앞의 이익을 위해 움직이는 사람은 당장은 몰라도 그런 것들이 누적돼 좋지 않은 평판이 생깁니다. 평판에 따라 어떤 일을 할 수 있는지, 어떤 회사로 옮길 수 있는지가 결정될 수 있습니다. 업무는 기본이며 주위 평판을 좋게 하는 것 역시 직장인으로 갖춰야 할 경쟁력 중 하나인 것 같습니다.

Q 우리나라에서 직장인으로 살아가는 데 어려운 점이 있다면 무엇일까요?

A 일보다 조직 생활 자체가 힘든 경우가 많다고 생각합니다. 직장 내 왕따나 내부경쟁 등은 항상 문제가 됩니다. 동료끼리 잘 뭉쳐야 하는데

우리나라는 굉장히 폐쇄적인 경우가 많습니다. 남과 정보를 공유하는 데 인색하고 남이 무언가 새로운 시도를 하는 것도 안 좋게 보는 경향이 있습니다. 직장 상사로서 신의가 없는 것도 문제입니다. 부하 직원에게 지시하는 만큼 책임을 져야 하는데, 지시만 하고 책임은 지려고 하지 않습니다. 윤리적으로 문제가 있는 상사들도 많습니다.

Q   직장생활의 멘토가 있었습니까?

A   멘토가 따로 정해져 있지는 않았고, 순간순간 생겼던 것 같습니다. 제 경우에는 책을 통해 많은 멘토를 얻었습니다. 제가 존경하는 사람은 애플의 CEO 스티브 잡스입니다. 그리고 월마트 창업자인 샘 월튼, GM 자동차 부문을 재정비한 알프레드 슬론도 존경합니다. 대학생 시절에 책을 통해 만난 사람들, 그 사람들이 했던 일들을 본받으려고 노력하는 편입니다. 아마존의 창업자인 제프 베조스 회장도 본받을 만한 인물입니다. 아쉽게도 국내에는 존경할 만한 인물이 별로 없는 것 같습니다. 도덕적으로나 윤리적으로 깨끗한 사람이 많지 않은 것 같습니다.

Q   힘들 때는 어떻게 스트레스를 푸는지 궁금합니다.

A   회사 고민은 남들과 의논하기가 쉽지 않습니다. 문제에 따라 다르지만, 대부분의 고민은 저 혼자 해야 했습니다. 음악을 듣거나 걸으면서 많은 생각을 했습니다. 새벽기도를 가는 등 종교에 의지할 때도 있었습니다. 남는 시간에 영화를 보거나 책을 읽으면서 스트레스를 적절히 풀어주려고 합니다. 처음 2년 동안은 개인 시간이 거의 없을 만큼 바빴습니다.

거의 매일 늦은 시간에 퇴근하면서 '이게 과연 제대로 된 삶인가?' 하고 회의가 들기도 했습니다. 그러는 동안 건강에도 약간 문제가 생긴 것 같습니다. 그래서 이걸 어떻게 조절해야 할지 여러 방법을 시도해보고 있습니다. 요즘에는 업무를 잊어버릴 수 있는 개인적인 시간을 많이 가지려고 합니다. 대학교 시절부터 봉사활동을 갔던 보육원이 있는데 이제는 제가 할 수 있는 일들이 많아졌으니 더 많이 찾으려고 합니다.

많은 사람이 스트레스를 술로 해결하는 것 같은데, 술은 그때만 좋지 다음날이 되면 사람을 더 우울하게 만듭니다. 술이 스트레스 해소에 도움이 되는 사람들도 있겠지만, 대부분은 반대의 효과를 내는 것 같습니다. 오히려 상황을 악화시키는 경우가 더 많다고 생각합니다.

Q 대학생으로 돌아간다면 무엇을 해보고 싶습니까?

A 요즘 대학생들을 보면 안타까운 생각이 많이 듭니다. 이전 세대보다 더 열심히 공부하고 있지만, 일자리가 줄어들면서 취업환경이 안 좋아졌습니다. 직장에서 수년간 같은 현장업무를 한 사람보다, 몇 개월만 일을 배우면 훨씬 더 업무를 잘할 수 있는 대학생이 많다고 생각합니다. 이는 대학생들이 뛰어나서가 아니라 현재의 직장인들이 그만큼 자기계발을 소홀히 하기 때문입니다. 많은 대학생이 좋은 자질이 있음에도 불구하고 환경이 그들을 받쳐주지 못하고 있습니다.

만약 대학생 시절로 돌아갈 수 있다면 영화 관련 업무를 해보고 싶습니다. 예전부터 영화산업에 관심이 많았습니다. 저는 회사에 다니는 내내 유학을 가지 못한 것이 후회됐습니다. 대학원이든 편입이든 외국에서 공부했다면 인생이 달라졌을 거라고 생각합니다. 좋은 학교, 좋은 회사를 위해서가 아니라 색다른 경험을 통해 세상을 볼 수 있는 큰 눈을 가질 수 있다고 생각합니다.

꼭 그런 건 아니지만, 제 경험에 비춰보면 좋은 대학을 나와서 꾸준히 회사생활을 한 사람보다는 다양한 경험을 해본 사람들의 실력이 더 좋은 것 같습니다. 똑똑한 것과 상관없이 업무 능력, 적응력, 상황 대응력 등 수치로 표현할 수 없는 여러 가지 부문에서 그런 능력들이 나타난다고 생각합니다. 여러 문화를 경험해 본 사람이 사고도 더 깨어 있고 적극적인 태도를 보이기도 하는 것 같습니다. 앞으로는 해외와 연관된 사업이 주류를 이룰 것이기 때문에 영어로 인터뷰를 못 하거나 외국 사람과 같이 있는 것을 꺼리는 것도 단점으로 작용할 수 있습니다.

또, 제 체질상 직장인이 더 적합하다고 생각하지만, 대학생 때라면 제 사업을 한번 해봤을 것 같습니다. 그 이유는 제가 회사 생활을 하면서 알게 된 것보다 자기 사업을 하면서 알게 된 것이 많고, 사원이 아니라 과장부터 직장생활을 할 수 있었기 때문입니다. 그리고 규격화된 회사는 아무래도 저와 맞지 않는 것 같습니다.

Q 취업을 준비 중이거나 사회생활을 시작하는 분들에게 조언을 부탁드립니다.

A 무엇보다 자신이 무엇을 할 것인지 구체화해야 합니다. 목표는 뜬구름 같아서는 안 됩니다. 구체적일수록 좋습니다. 그래야 다음에 무엇을 할지가 명료해집니다. 자신이 현재 웹 디자인을 하고 있는데 영업 쪽 일을 하고 싶다면 빨리 바꿔야 합니다. 막연히 무엇을 하고 싶다고 생각하

나는 스타트업 대신 회사를 선택했다

기보다 해당 업종에 있는 사람들과의 친분이나 업계에 대한 정보가 많아야 합니다. 사회적인 네트워크를 많이 구축할수록 자신이 원하는 일을 할 가능성이 커집니다. 그리고 당장 내일 그만두더라도 자신이 뭘 해야 할지 알아야 합니다. 내일 이 일을 그만두면 누구를 만나고, 어떤 이력서를 써야 할지 생각해야 합니다.

회사를 그만둘 때는 대안을 먼저 마련해 두는 것이 좋습니다. 그러나 무슨 일을 생각하든 현재의 일에는 충실해야 합니다. 현재의 일에 최선을 다하는 것이 가장 현실적이고 효과적인 준비입니다. 다른 사람보다 더 열심히 일했을 때, 스카우트될 가능성도 커집니다. 다른 사람과 비슷하게 일을 처리한다면, 설령 잘한다는 소리는 들을지 몰라도 스카우트되지는 않을 겁니다.

직장 내 경쟁력뿐만 아니라 관심 분야에 대한 경쟁력도 꾸준히 키우는 것이 좋습니다. 또 그런 부분을 블로그나 소셜네트워크서비스 등을 통해 외부로 표현해야 합니다. 블로그 등을 활용해 자신이 어떤 사람이고 어떤 전문성을 가졌는지 표현하는 사람이 그렇지 않은 사람보다 연봉을 20% 이상 더 받을 수 있다고 생각합니다. 무엇보다 여러 경험을 다양하게 하는 것이 좋으므로 자신의 독특한 라이프스타일을 바탕으로 다양한 경험을 해보라고 얘기하고 싶습니다.

에필로그

다양한 분야에서 성공을 거둔 선배 직장인들을 만나 그들의 생각과 경험을 들으며 내린 결론은, 결국 스스로 자신만의 길을 만들어 가야 한다는 것이다. 원론적인 이야기였지만, 그 여정을 거친 선배들의 조언과 의견은 충분히 귀담아들을 만한 가치가 있었다. 특히 사회초년생이나 이직을 앞둔 직장인들이 미래를 결정하는 데 중요한 내용이었다.

신입사원 시절부터 승승장구했을 것 같았던 그들 역시 길고 험난한 과정을 거친 뒤에야 각각의 분야에서 우뚝 설 수 있었다. 회사에서 대표 또는 임원으로 중책을 맡았거나 지금도 맡고 있지만, 그들 역시 사회초년생 때는 비슷한 시행착오를 겪었다는 사실을 알 수 있었고, 하루에도 몇 번씩 회사를 그만둘 뻔한 위기를 넘겼다는 이야기를 들으며 왠지 모를 동질감도 느꼈다.

학교를 떠나 직장인이 되는 순간, 누구나 어느 정도는 당황하기 마련이다. 정해진 길을 시키는 대로 잘 해나가는 사람이 높게 평가받는 학창시절과 달리, 직장생활은 결국 스스로 판단하고 헤쳐나가야 한다. 학창시절과 비교할 수 없을 만큼 어렵고 복잡하다. 학교의 우등생이 종종 직장의 우등생으로 연결되지 않는 것도 이 때문이다.

직장에서 매일 똑같은 상황을 겪는 것 같지만, 일과 인간관계, 내부에서의 성장, 이직 등 여러 함수를 다뤄야 한다. 답을 찾기 위해 고민하지만, 문제를 한 번에 해결해 줄 참고서도 정답도 없다. 본인 스스로 의미를 찾고, 자신만의 성공의 의미를 만들어나가는 수밖에 없다. 다행스러운 점은 이전과 달리 직장과 이직에 대한 정보를 다양한 루트로 확보할 수 있는 환경이 만들어졌다는 점이다. 이 환경을 어떻게 활용하느냐는 오직 본인의 노력에 달려있다.

인터뷰에 응한 분들마다 직장생활에 대해 다른 생각을 가지고 있었지만, 대체로 공통되는 부분이 있었는데, 요약하면 다음과 같다.

첫째, 현재 직장의 업무에 충실해야 한다. 이직을 준비하든 사업을 준비하든, 기본은 현재 업무에 집중해야 한다는 것이다. 더불어 직장인으로서 누릴 수 있는 장점을 최대한 활용하라고 말했다. 여기에는 사무공간, 사무기기, 복지, 금융 신용도를 포함해 업무를 진행하면서 자연히 형성되는 경험과 인맥 등 유무형의 가치가 포함된다.

둘째, 직장인으로서 여정은 생각보다 길다는 점을 인식하고 폭넓은 시야로 상황에 대응해야 한다는 점이다. 회사가 인생의 대부분을 책임져주던 과거와 달리 불확실성이 커진 만큼 다양한 분야의 학습과 독서, 경험, 재교육을 통해 직장인으로서의 경쟁력을 확보하기 위해 부단히 노력해야 한다는 설명이다.

셋째, 글로벌 비즈니스 환경에 지속해서 관심을 두고, 남들보다 먼저 꼼꼼히 준비해서 더 넓은 무대에서 자아실현의 기회를 만들라고 입을 모았다.

다시 한번 소중한 시간을 내서 자신의 경험을 기꺼이 나눠준 인터뷰이들에게 감사의 인사를 드린다.

창업하지 않고 성공한 직장인 선배들의 이야기

나는 스타트업 대신 회사를 선택했다

초   판 1쇄 인쇄   2021년 2월 5일
         1쇄 발행   2021년 2월 10일

지은이   이형근
펴낸이   박경수
펴낸곳   페가수스

등록번호   제2011-000050호
등록일자   2008년 1월 17일
주   소   서울시 노원구 중계로 233
전   화   070-8774-7933
팩   스   0504-477-3133
이 메 일   editor@pegasusbooks.co.kr

ISBN   978-89-94651-40-8 03320

※잘못된 책은 바꾸어 드립니다.
※책값은 뒤표지에 있습니다.